Helge Stadelmann

# Grundlinien eines bibeltreuen Schriftverständnisses



RB

R. BROCKHAUS VERLAG WUPPERTAL UND ZÜRICH

Die THEOLOGISCHE VERLAGSGEMEINSCHAFT
ist eine Arbeitsgemeinschaft
der Verlage R. Brockhaus Wuppertal und Brunnen Gießen.
Sie hat das Ziel, schriftgemäße theologische Arbeiten zu veröffentlichen.

Ernst Schrupp zum 70. Geburtstag
in Dankbarkeit

CIP-Kurztitelaufnahme der Deutschen Bibliothek

*Stadelmann, Helge:*
Grundlinien eines bibeltreuen Schriftverständnisses /
Helge Stadelmann. – Wuppertal: R. Brockhaus, 1985.

2. Auflage 1990


Umschlaggestaltung: Carsten Buschke, Solingen
Gesamtherstellung: Breklumer Druckerei Manfred Siegel KG
ISBN 3-417-29514-9

INHALT

# VORWORT

In diesem Buch geht es um das Grundgestein von Glaube und Theologie. Es geht um die Bibel – oder genauer gesagt: um die Frage nach der recht ausgelegten Bibel. Hier werden die entscheidenden Weichen für Theologie und Gemeinde gestellt. Kommt es in dieser Grundfrage zu einer falschen Orientierung – sei es im persönlichen Einzelfall oder im Leben der Kirchen und ihrer theologischen Ausbildungsstätten – ist dem Feind der Sache Gottes ein entscheidender und folgenreicher Einbruch gelungen. Fundamente lassen sich nicht ohne Gefahr für das gesamte Gebäude beschädigen! Jesus selbst bindet seine Nachfolger an seine Worte und sagt: »*Wer diese meine Worte hört und befolgt, den vergleiche ich einem klugen Mann, der sein Haus auf den Felsen baute. Und der Regen fiel und die Fluten stiegen und die Winde wehten und stießen an jenes Haus; und es fiel nicht, denn es war auf den Felsen gegründet. Und jeder, der diese meine Worte hört und sie nicht befolgt, den vergleiche ich einem törichten Mann, der sein Haus auf den Sand baute. Und der Regen fiel und die Fluten stiegen und die Winde wehten und stießen an jenes Haus; und es fiel, und sein Fall war groß*« (Mt. 7,24–27).

Der Verfasser dieses Buches ist der Überzeugung, daß man gründlich Theologie treiben und »wissenschaftlich« die Bibel auslegen kann, ohne daß man deshalb Einschränkungen im Blick auf die ganze Inspiration und Wahrheit der Bibel machen müßte – ja, daß sachgemäße Arbeit mit der Bibel nur auf diesem Fundament erfolgen kann. Er lädt den Leser ein, mit ihm die Grundlinien eines bibeltreuen Schriftverständnisses zu entdecken, um diese auch offensiv und ohne ängstlichen Respekt vor der scheinbar so übermächtigen bibelkritischen Theologie in unserem Land vertreten zu können.

Das Buch möchte in seinem ersten Hauptteil die uneingeschränkte Inspiration und Autorität der Bibel auf relativ knappem Raum begründen. Es setzt sich dabei weniger mit radikal-kritischen Positionen der neueren Theologie auseinander, obwohl auch diese nicht unerwähnt bleiben. Aus seelsorgerlichen Erwägungen heraus wird vielmehr auf die gemäßigt-kritischen Positionen sogenannter ›positiver‹ Theologen eingegangen. Denn diese erweisen sich gerade für evangelikale Kreise als besonders attraktiv und damit als gefährlich. Im zweiten Hauptteil wird versucht, aufbauend auf der Entwicklung evangelikaler Alternativen zur historisch-kritischen Theologie der letzten zwanzig Jahre, die Diskussion um die rechten Prinzipien der Bibelinterpretation insgesamt weiterzuführen.

Daß stärker, als sonst in einem theologischen Buch üblich, der freikirchliche Bereich mit berücksichtigt wurde, hängt mit dem gemeindlichen Standort des Autors zusammen. Daß die gesamt-evangelikale Diskussion um die rechten Prinzipien der Bibelauslegung gerne aufgegriffen wurde, mag als Hinweis dafür gelten, daß der Autor sich über Gemeindegrenzen hinweg dem evangelikalen Lager verbunden weiß. Auch wo es im Einzelfall zu unterschiedlichen Sichten kommt, wird diese Verbundenheit in Christus nicht in Frage gestellt.

Zu danken habe ich Herrn Dr.Eckhard Schnabel, Manila, für seine brüderlich-kritische Durchsicht des Manuskripts.

Wiedenest im September 1984 Helge Stadelmann

## VORWORT ZUR 2. AUFLAGE

Seit einiger Zeit war das Buch vergriffen, aber die Nachfrage hielt an. So wird nun eine Neuauflage nötig. Als Autor würde man gerne nach weiterem jahrelangem Nachdenken über »bibeltreues Schriftverständnis« manches anders und vieles noch einfacher sagen. Auch hat sich manche Auseinandersetzung, die vor sechs Jahren noch aktuell war, inzwischen erübrigt. Aus technischen Gründen sind jedoch nur kleine Korrekturen am stehenden Satz möglich. So tritt das Buch nur wenig verändert seinen zweiten Weg zum Leser an und ergänzt so seinen kürzlich im gleichen Verlag erschienen Zwillingsband (*Schriftgemäß predigen,* Wuppertal 1990), der auf bibeltreuer Grundlage die Schritte der Textauslegung bis hin zur Auslegungspredigt zeigt. Die Gewißheit, daß ein bibeltreues Schriftverständnis das Bekenntnis zur uneingeschränkten Wahrheit und Autorität des ganz von Gott eingegebenen Wortes der Heiligen Schrift einschließen muß, hat sich für mich bestätigt und vertieft. Besonders den Leser, der diese Gewißheit (noch) nicht hat, lade ich herzlicnh ein, diese Grundfrage des Glaubens und der Theologie mit mir zu bedenken.

Gießen, im April 1990 Helge Stadelmann

# 1. Einführung

## 1.1 Die Wiedergewinnung eines bibeltreuen Schriftverständnisses als Hauptaufgabe der Theologie heute

Der Streit um die Bibel[1] bricht seit Jahrzehnten immer wieder da auf, wo die glaubende Gemeinde das zersetzende Werk bibelkritischer Theologien erkennt und sich dagegen zur Wehr setzt. Dabei muß man im deutschen Sprachraum – im Unterschied zu weiten Teilen der angelsächsischen Welt und der jungen Kirchen in den Missionsgebieten der dritten Welt – davon ausgehen, daß sich die glaubende Gemeinde inzwischen einer Vorherrschaft der Bibelkritik in Theologie und Kirche gegenübersieht.

Daß eine kritische Zersetzung der biblischen Autorität negative Folgen für die Verkündigung der Kirche mit sich bringt, hat schon vor 50 Jahren Emil Brunner gesehen. Er schreibt: »Nachdem die protestantische Theologie drei Jahrhunderte hindurch durch die Lauge des Aufklärungsrationalismus gezogen worden ist, ist von ihrem Eigenen oft nicht viel mehr als eine etwas absonderliche Färbung dieser Aufklärungslauge übriggeblieben, und das ist zur geistlichen Ernährung einer Kirche nicht eben viel.«[2] Angesichts dieser Lehre aus der Geschichte zieht Brunner die Konsequenz: »Die Wiedergewinnung des rechten Schriftverständnisses ist ... heute wie zu jeder Zeit das dringlichste Anliegen nicht nur der Theologie, sondern der Kirche überhaupt.«[3]

Brunner hat die Aufgabe gesehen. Und er hat sich dieser Aufgabe in einem Aufsatz über »Inspiration und Offenbarung« auch engagiert gewidmet. Ob er freilich die Lösung zeigen konnte, läßt sich – ein halbes Jahrhundert nach der Niederschrift seiner Gedanken – eher bezweifeln. Für Brunner war die Bibel ein menschlich-fehlerhaftes Zeugnis von der Offenbarung; ein Zeugenwort, allerdings, das Gott benutzen kann, um durch seinen Geist im Hörer des biblischen Christuszeugnisses die Gewißheit von der Wirklichkeit der Gottesoffenbarung in Christus entstehen zu lassen. Mit dieser subjektiven Offenbarungsgewißheit wähnte sich Brunner auf sturm-

1 Vgl. den Titel des Buches von W. Marxsen, *Der Streit um die Bibel,* Gladbeck, 1965. Das Buch war eine kritische Entgegnung auf den Weckruf von G.Bergmann, *Alarm um die Bibel,* Gladbeck, 1963.

2 E. Brunner, »Inspiration und Offenbarung« (1927), in: *Ein offenes Wort. Vorträge und Aufsätze 1917–1934,* Zürich, 1981, S. 156.

3 ebd., S. 170.

freiem Gebiet: Einerseits konnte die Bibel nach ihrer menschlichen Seite hin ohne Bedenken dem Zugriff kritischer Forschung ausgesetzt werden, andererseits blieb die persönliche Offenbarungsgewißheit des frommen – und im Falle Brunners: durchaus gemäßigten – Kritikers dem Zugriff kritischer Wissenschaft entzogen, war sie doch unabhängig von den vermeintlichen Fragwürdigkeiten des Offenbarungszeugnisses. Ein goldener Mittelweg schien gefunden zwischen dem theologischen Liberalismus einerseits, dem die Glaubensgewißheit in dem Maße schwand, wie die Fragwürdigkeit der Bibel wuchs, und dem orthodoxen Biblizismus auf der anderen Seite, für den die menschliche Zuverlässigkeit und göttliche Wahrheit der Schrift untrennbar zusammengehörten. Brunner konnte die Dürftigkeit des Liberalismus genau so geißeln wie den Glauben der ›Orthodoxen‹. Kirchengeschichtlich sei der orthodoxe Bibelglaube geradezu schuld am Entstehen der rationalistischen Theologie. Er habe ihr Aufkommen im Grunde provoziert und sei daran gescheitert: »Der ›Teufel‹ der Orthodoxie ist durch den ›Beelzebub‹ des Rationalismus ausgetrieben worden.«[4]

Ähnliches ließe sich allerdings von Brunners eigener theologischer Richtung, der dialektischen Theologie, sagen: Sie wurde ausgetrieben durch den Sturm radikaler Bibelkritik, der sich nach dem 2. Weltkrieg erhob. Die Illusion, man könne unbedenklich historisch-kritisch mit der Bibel umgehen, ohne dadurch ihre christozentrische Botschaft zu verlieren, führte nur vorübergehend zu einer Konzentration auf diese Christusbotschaft, dann aber umso intensiver in eine – scheinbar ja unschädliche – Zersetzung (der menschlichen Seite) der Schrift. Man war gewiß: Kritik kann das Kerygma (= die Botschaft) nicht mindern! Und wenn die ganze Schrift historisch fragwürdig werden sollte, wäre eben ein ›Glaube‹ gefragt, der nicht mehr sieht und dennoch glaubt. Wenn sich alles als Mythos erweisen würde, hätte dieser Mythos uns auch noch etwas zu sagen – er müßte nur auf unsere Existenz hin, also ›existential‹, interpretiert werden. Dies war das Programm Rudolf Bultmanns. Es wurde das vorherrschende Programm der Nachkriegstheologie. Die sogenannte ›Theologie nach dem Tode Gottes‹ (D.Sölle, u.a.) war der letzte, konsequente Schritt auf diesem Weg.

Dieser Totalausverkauf der Theologie provozierte aber in den 60er und 70er Jahren auch ein neues Fragen nach den Grundlagen biblisch-theologischer Arbeit. Man konnte es ja mit Händen greifen: Mit der bisherigen Art von Schriftverständnis löste sich alles auf,

[4] E.Brunner, aaO., S. 165.

und für die Verkündigung der Kirche blieb nichts übrig, als ein paar politische und philosophische Weisheiten oder die Flucht in den Sozialaktivismus.

Wenn heute immer wieder nach der praktischen Relevanz einer Theologie gefragt wird, ist festzuhalten: Bei der Wahl zwischen Bibeltreue und Bibelkritik fallen eminent wichtige Entscheidungen für die Praxis der Verkündigung, der Seelsorge, der Evangelisation und Mission in der Kirche. Schon Spurgeon hat festgestellt: »Die Tatsache, daß sich die Massen von dem Evangelium abwenden, läßt sich teilweise dadurch erklären, daß sie in den Versammlungen der Christen nicht immer das Evangelium gehört haben. Alles andere reicht aber nicht hin für das Bedürfnis ihrer Seele«[5]. Diese Worte wurden 1891 gesprochen. Aber ganz ähnliches kann auch heute beobachtet werden. Pfarrer Ulrich Parzany schreibt: »Ich meine, die Predigtnot hat eine . . . Wurzel in dem gebrochenen Verhältnis vieler Prediger zur Bibel. Die Bibelkritik, die jeder Theologe in seinem Studium erlernt hat, verunsichert. Da muß er nun mit Legenden und mit angeblichen Worten Jesu zurechtkommen, von denen er gehört hat, daß sie gar nicht historisch echt, sondern Bildungen der Gemeinde sind. Da liest er in den Kommentaren zur Bibel die gegensätzlichsten Theorien über die Quellen, aus denen der Bibeltext entstanden ist. Wer will sich da noch hinstellen und sagen: ›So spricht der Herr‹?«[6] Im Gefolge des abnehmenden Vertrauens in die Kraft des Wortes Gottes läßt sich auch im kirchlichen Seelsorgebereich ein bemerkenswerter Wandel feststellen: Während die Bedeutung des Gebetes und der biblischen Weisung in der Seelsorge abnimmt, gewinnen im Rahmen des ›Clinical Pastoral Training‹ (CPT) psychologische und gruppendynamische Methoden immer mehr die Oberhand. Es läßt sich beobachten, daß seit dem Einbruch der Bibelkritik auch in freikirchliche Seminare die Bereitschaft der von dort absolvierenden Theologen, sich in Evangelisation und Neulandmission zu betätigen, spürbar abgenommen hat. Und im Bereich der Außenmission spricht die Statistik eine deutliche Sprache: Die bibeltreuen evangelikalen Missionen entsenden von Deutschland aus mit über 1400 Missionaren rund drei Viertel der deutschen Missionsarbeiter,[7] während die Bedeutung der bibelkritisch und

5 C.H.Spurgeon, *Es steht geschrieben! Die Bibel im Kampf des Glaubens*, Wuppertal, 1980, S.28.

6 U.Parzany, »Müssen Predigten langweilig sein?« in: *Schritte* 2/1978, S.9.

7 Vgl. *idea-Spektrum* 11/1984, S.4 – Die evangelikalen Missionen sind in der »Arbeitsgemeinschaft evangelikaler Missionen« (AEM) zusammengeschlossen. Der Zusammenschluß weist nahezu 50 Mitgliedsorganisationen auf.

ideologisch überfremdeten Missionseinrichtungen immer mehr abnimmt.

In dieser Lage stehen wir erneut vor der Aufgabe, die Brunner schon sah: »Die Wiedergewinnung des rechten Schriftverständnisses ist auch heute . . . das dringlichste Anliegen nicht nur der Theologie, sondern der Kirche überhaupt«!

## 1.2. Die Offenbarung Gottes in der Heilsgeschichte als Grundlage aller Bibeltheologie

Ohne Offenbarung wüßten wir nichts von Gott. Wir hätten auch nichts von ihm zu verkünden. Wir wären mit unseren begrenzten Sinnen in unserer Welt allein gelassen und können allenfalls versuchen, uns auf Sein und Dasein einen Reim zu machen.

Wer von der Bibel her kommt, weiß allerdings, daß wir den Spuren der Offenbarung Gottes gar nicht entgehen können; wir können sie nur schuldhaft verdrängen. Denn schon beim Sinnen über unser Dasein und unsere Welt stoßen wir auf Gottes Werk, das in seiner Größe, Planmäßigkeit und Komplexität Hinweischarakter auf Ihn besitzt (Rö. 1,18ff; Apg.14,16f; 17,23ff; Ps.19). Man nennt dies die allgemeine Offenbarung Gottes.

Nach biblischem Verständnis ergibt sich hier jedoch ein Problem. Diese Welt ist keine unbeschadete Welt, die in ihrer Vollkommenheit überall und unmittelbar den Schöpfer erkennen ließe. Und der von Gott distanzierte, sündige Mensch wird an der allgemeinen Gottesoffenbarung immer nur schuldig, indem er sie verdrängt, mißdeutet, und dem Geschaffenen statt dem Schöpfer huldigt (Rö. 1,18ff). Das urgeschichtliche Schöpfungshandeln Gottes sowie sein weltgeschichtliches Handeln in Erhaltung, Lenkung und Gericht des Geschichtslaufs bis hin zur Endgeschichte gehören zwar zu Gottes universalgeschichtlichem Wirken, sind für uns Menschen aber nur insoweit als Heilsgeschichte erkennbar, wie sie uns in und auf Grund der biblischen Offenbarung erschlossen sind. Der geistlich tote ›natürliche Mensch‹ muß erst im Zuge der Heilsoffenbarung durch den Heiligen Geist erneuert werden, um *(a posteriori)* die Spuren der allgemeinen Offenbarung recht einordnen zu können. Als solcher kann er dann allerdings – wie Paulus (Apg.14,16f; 17,23ff) – durch die Verkündigung dem Nichtchristen die Indizien für Gottes Werk in der Schöpfung zeigen und so die allgemeine Offenbarung von der Bibel her deuten. Aber eben: von der Bibel her! Die Schöpfung an sich ist noch kein Verkündigungstext!

Nun hat sich Gott dem Menschen aber noch viel unmittelbarer und unzweideutiger offenbart. In eindringlicher und oft massiver Weise ist er Menschen nahegetreten und hat ihnen so die Augen für die Realität der göttlichen Wirklichkeit geöffnet. In Engelserscheinungen und Gotteserscheinungen (Theophanien), in Manifestationen erstaunlicher Wunder in Raum und Zeit, in Träumen, Auditionen und Visionen, in lebensverändernden Wirkungen des Gottesgeistes, in Erwählung und geschichtlicher Führung seines Volkes, vor allem aber in der einzigartigen Offenbarung des Wesens und Willens Gottes in Jesus Christus (vgl. 1.Joh.1,2ff; Joh.1,18; 14,9; Kol. 2,9; 1.Tim. 3,16) hat der verborgene Gott sich dem Menschen erschlossen. Diese speziellen Offenbarungen Gottes werden in Hebr. 1,1 auf einen kurzen Nenner gebracht: »Nachdem Gott manchmal und auf vielfältige Weise durch die Propheten zu den Vätern gesprochen hat, hat er zuletzt zu uns geredet im Sohn.«

Dieses Aufbrechen der Offenbarungsdimension Gottes in unserer Geschichte konstituiert in seiner fortschreitenden Entwicklung die Heilsgeschichte innerhalb der Weltgeschichte. Walter Künneth schreibt dazu: »So ist die Heilsgeschichte eine Geschichte der Begegnungen mit der Wirklichkeit des offenbaren Gottes, von der Menschen getroffen werden; ein Gesamtgefüge mannigfacher Erscheinungen der Selbsterschließung Gottes, die gleichsam in ›Einbrüchen‹, ›Einschlägen‹ der Offenbarung in der Horizontalen der Geschichte aufleuchten ... Alle heilsgeschichtlichen Linien laufen (dabei) in der Christusmitte als dem entscheidenden und alles beherrschenden Konzentrationspunkt der Gottesoffenbarung zusammen.«[8]

In der Bibel werden uns diese heilsgeschichtlichen Offenbarungen Gottes im einzelnen berichtet und erklärt. Von den alttestamentlichen Propheten als Empfängern und Kündern der Gottesoffenbarung bis zu den neutestamentlichen Aposteln, die die Christusoffenbarung unter Geistesleitung als Augenzeugen bekunden und deuten, wird uns das Offenbarungsgeschehen sorgfältig bezeugt. Welches Maß an Wahrheitsanspruch die Bibel dabei erhebt, wird uns noch näher beschäftigen.

Die Sorgfalt des Geschichtsberichtes, die der Bedeutung des Berichteten entspricht, und die pneumatisch empfangene und als sol-

[8] W.Künneth, *Fundamente des Glaubens*, Wuppertal, $^{3}$1977, S.60f; vgl. noch ausführlicher ders., »Mitte und Struktur biblischer Heilsgeschichte«, in: H.Stadelmann (Hrg.), *Epochen der Heilsgeschichte*, Wuppertal, 1984, S.30–38.

che bezeugte Deutung des Geschehens, die die heilsgeschichtlichen Absichten Gottes enthüllt[9], markieren Grundelemente des biblischen Wahrheitsanspruches. Beide Aspekte – Bericht und Deutung – verbinden sich dabei zu einer untrennbaren historisch-kerygmatischen Einheit, wobei weder vom Berichteten (Historie) noch von der Deutung (Kerygma) ohne Schaden für das Ganze Abstriche gemacht werden können. Eine Aufspaltung des biblischen Zeugnisses etwa in menschlich-irrtümliche Berichte und göttlich-verbindliches Kerygma wird – wie jeder andere Versuch einer Trennung von Göttlichem und Menschlichem innerhalb der Heiligen Schrift – ein willkürliches und unangemessenes Unterfangen bleiben. Denn die Bibel selbst gibt uns keinerlei Kriterien für eine kritisch wertende Entflechtung ihrer historisch-kerygmatischen Einheit an die Hand.

Gott hat sich in der Geschichte offenbart. Davon zeugt die ganze Bibel. Sein tatsächliches geschichtliches Handeln und seine konkret geoffenbarten Worte sind die alleinige Basis für das, was wir von Gott wissen können. Was wir über Gottes Willen und Erwählen, über unseren wahren Zustand vor ihm und unsere Erlösung, über Herkunft und Zukunft der Welt, über letzte Maßstäbe für das Heute und Hoffnung für das Morgen wissen können, hat hier allein seinen Grund. Entspräche dem biblischen Offenbarungszeugnis kein reales Offenbarungsgeschehen in Tat und Wort, wäre das Zeugnis wertlos. Die Bibel kennt keine ›Kergymatheologie‹, die sich an der immer wieder beteuerten Bedeutsamkeit leerer Mythen berauscht, hinter denen keine Tatsachen geschichtlicher Gottesoffenbarung stehen. Für die biblischen Zeugen war es von grundsätzlicher Bedeutung, daß ihre Verkündigung auf geschichtlichen Offenbarungstatsachen fußte: »Wir sind nicht ausgeklügelten Fabeln gefolgt, sondern haben als Augenzeugen Seine Herrlichkeit selber gesehen« (2.Petr. 1,16); »Das Leben ist geoffenbart worden und wir haben gesehen und bezeugen und verkündigen euch das ewige Leben, das bei dem Vater war und geoffenbart worden ist – ja, was wir gesehen und gehört haben, verkündigen wir euch« (1.Joh.1,2f). Lukas erforscht und schildert die Ereignisse der Christusoffenbarung auf das genaueste, um durch ein zuverlässiges Zeugnis dem Glauben seiner Leser ein festes historisches Fundament zu liefern (Lk.1,1–4). Und Paulus bietet eine

[9] Diese Einsicht in den Doppelcharakter der biblischen Berichte gehört wesentlich zu einem heilsgeschichtlichen Offenbarungsverständnis; vgl. O. Cullmann, *Heil als Geschichte*, Tübingen, 1965, S.71: Der »Akt der Deutung, den die Propheten einer Offenbarung zuschreiben, wird als zur Heilsgeschichte selber gehörig angesehen . . . Offenbarungsgeschichte und Deutungsgeschichte gehören ganz eng mit der Heilsgeschichte zusammen, aber so, daß Heilsgeschichte der Oberbegriff ist.«

detaillierte historische Argumentation für die Geschichtlichkeit des zentralen Offenbarungsereignisses, der Auferstehung, weil er weiß: »Ist Christus nicht (wirklich und leiblich) auferstanden, dann ist euer Glaube nichtig, dann seid ihr noch in euren Sünden!« (1.Kor.15,1–17). Gewiß, die Offenbarungstatsachen werden nicht nur aus Geschichtsinteresse als *bruta facta* überliefert, sondern werden bezeugt, um zum Glauben zu rufen (Joh.20,30f), und in ihrer Bedeutsamkeit erschlossen. Aber: ohne Offenbarungswirklichkeit keine Bedeutsamkeit! Dem Bezeugten und Verkündigten müssen Fakten entsprechen. Wahrheit und Wirklichkeit gehören nach biblischem Verständnis untrennbar zusammen. Daß dies so ist, gehört zum grundlegenden Wahrheitsanspruch der Bibel.

In vertieftem Maße erschließt sich dieser Wahrheitsanspruch und die Untrennbarkeit von Faktum und Kerygma, wenn wir das Geheimnis der Bibelinspiration und in der Folge die Autorität der Heiligen Schrift bedenken.

# 2. Die Inspiration und Autorität der Bibel

## 2.1 Die Inspiration und das gott-menschliche Geheimnis der Bibel

Wo immer ein Wahrheits- und Autoritätsanspruch erhoben wird, stellt sich die Frage, wodurch dieser Anspruch gedeckt ist. So auch hinsichtlich der Bibel. Sehen wir recht, wird der biblische Wahrheits- und Autoritätsanspruch in dreifacher Weise beglaubigt: a) durch die Faktizität der göttlichen Offenbarungen in der Geschichte, b) durch die Authentizität der Zeugnisse und Berichte von diesen Offenbarungen und c) durch die göttlich-inspirierte Qualität dieser Dokumente. Daß Gott tatsächlich geschichtlich gehandelt und gesprochen hat, ist der tiefste Grund, um von absolut-autoritativer Weisung zu sprechen, die uns Menschen entgegentritt. Wo Gott spricht, begegnet der Mensch absoluter Wahrheit und absoluter Autorität. Als Christen erkennen wir in Jesus Christus als dem geschichtlich auferstandenen Herrn die zentrale Offenbarung, auf die alle anderen heilsgeschichtlichen Offenbarungen Gottes hinlaufen und in ihr ihre Erfüllung und Bestätigung finden. Doch wüßten wir von diesen Offenbarungen – auch der Christusoffenbarung! – nicht, wären sie nicht authentisch durch Augen- und Ohrenzeugen und zuverlässige Quellen bezeugt. In der Bibel liegen uns solche authentischen Offenbarungszeugnisse vor, sowie Texte, die als unmittelbare Wort- und Schriftoffenbarung Gottes Willen zum Ausdruck zu bringen beanspruchen. Nur: Wie können wir wissen, daß die Quellen und Zeugenberichte tatsächlich zuverlässig von der geschehenen Offenbarung reden? Wie können wir gewiß sein, daß die biblischen Texte wirklich Gottes Wort wiedergeben? Das Selbstzeugnis der Bibel macht deutlich: Auf Grund der göttlichen ›Inspiration‹ der biblischen Schriften, d.h. jenem Offenbarungshandeln Gottes, das den Schreibern der Bibel Gottes Worte eingab und das Zeugnis der Offenbarungszeugen so leitete, daß das Offenbarungsgeschehen zutreffend wiedergegeben und gedeutet wurde!

Die bibelkritische Demontage des biblischen Wahrheits- und Autoritätsanspruches beginnt meist so, daß zunächst die Inspiration der Schrift in Frage gestellt oder eingeschränkt wird. Anschließend wird die Authentizität der biblischen Zeugen und Quellen hinterfragt. Und infolge davon kommt es zu Abstrichen – bis hin zur Leugnung – hinsichtlich der Faktizität göttlicher Offenbarungen, einschließlich der Heilstatsachen und Wundermanifestationen im Leben Jesu.[10] Wen wundert es angesichts dieses Sachverhalts, daß die Inspirationsfrage ein Zankapfel der Theologen geworden ist, ja, für viele sogar ein Thema, das man als ›moderner‹ Theologe längst abgeschrieben hat?

### 2.1.1 Streit um die Bibelinspiration

Selten wird man heute von seiten der Universitätstheologie ein positives Wort zur Inspiration der Bibel hören. Eine ganz ungewöhnliche Ausnahme bildet da ein Aufsatz des Hamburger Theologieprofessors **Helmut Echternach** aus dem Jahre 1978.[11] In dieser noch viel zu wenig beachteten Veröffentlichung wird die biblische Inspiration von allen mythisch-ekstatischen, den Menschen ausschaltenden und zum willenlosen Schreibmedium erniedrigenden Inspirationsvorstellungen abgehoben und positiv – unter Würdigung des altprotestantisch-orthodoxen Ansatzes – als *impulsus ad scribendum* (Impuls zum Schreiben), *suggestio verborum* (Eingabe – nicht: Diktat! – der Worte) und *suggestio rerum* (Eingabe der Offenbarungsinhalte) gedeutet. Nach Echternach geht es bei der Bibelinspiration um eine »verbale Inspiration (... nicht Verbalinspiration)«, ja, in Analogie zum Persongeheimnis Christi, um eine »Verbalinkarnation«. Dieser Begriff beinhaltet, daß uns die Bibel als Gottes Wort in Form von Menschenwort vorliegt, als Gottes irrtumslose Wahrheit verhüllt in Geschichte. Bezeichnend für die heutige Situation scheint mir, daß dieser bedeutende Aufsatz meines Wissens bisher ohne jedes Echo in der Fachliteratur geblieben ist.

Seit den 60er Jahren übte **Rene Pache** mit seinem umfangreichen Werk über ›Inspiration und Autorität der Bibel‹ Einfluß auf weite Gemeindekreise aus. Sein Credo zur Inspiration der Heiligen Schrift war: »Wir glauben, daß beim Niederschreiben der Urtexte der Heilige Geist die Verfasser bis in die Wahl der Ausdrucksweisen geführt habe, und zwar in der ganzen Schrift, ohne die Persönlichkeit auszuschalten.«[12] Ausdrücklich als eine rational nicht beweisbare Glau-

[10] Eine christliche Apologetik muß dieser kritischen Zersetzung auf allen drei Ebenen begegnen: (a) Sie argumentiert für die Geschichtlichkeit der Offenbarungen Gottes; s. z.B. H.Hempelmann, *Die Auferstehung Jesu Christi – eine historische Tatsache?*, Wuppertal, 1982; (b) Sie belegt anhand geschichtlicher Fakten die Zuverlässigkeit der biblischen Überlieferung; s. z.B. R.Riesner, *Jesus als Lehrer*, Tübingen, ²1984; und (c) Sie entfaltet das biblische Selbstzeugnis von der Inspiration, wie dies im folgenden in Kürze geschehen soll.

[11] H.Echternach, »Was heißt Inspiration?«, *ThBeitr* 9 (1978):110–128.

[12] R. Pache, *Inspiration und Autorität der Bibel*, Wuppertal, 1968, S. 63.

bensaussage, zu der allein der Heilige Geist befähigt, bezeichnet der Lutheraner **Hans-Lutz Poetsch** das Bekenntnis zur Verbalinspiration der biblischen Schriften. Dieses Bekenntnis folge jedoch im Glaubensgehorsam dem Selbstzeugnis des biblischen Wortes.[13] Als typisch für die theologische Lage in Deutschland können solche Bekenntnisse zur Bibelinspiration nicht gelten. Auch nicht die vorsichtigen Formulierungen von **Hermann Sasse**, der es einerseits für unmöglich hält, das Wunder der Inspiration auch nur ›ahnungsweise zu beschreiben‹[14], andererseits aber doch zu formulieren wagt: »Unter Inspiration verstehen wir den Vorgang, in welchem Gott der Heilige Geist einem Menschen sein Offenbarungswort, das heißt, das Wort, in welchem er sich der Welt offenbaren wollte, zur mündlichen Verkündigung oder zur schriftlichen Aufzeichnung in das Herz legte, so daß man von dem so gesprochenen oder geschriebenen Wort ohne Einschränkung sagen muß, daß es Gottes Wort ist« (S. 229).

Zutreffend kennzeichnet **Peter Stuhlmacher** die aktuelle Lage an den theologischen Fakultäten, wenn er schreibt: »Die Inspirationslehre droht gegenwärtig unter dem Diktat einseitiger historischer Kritik und dogmengeschichtlicher sowie hermeneutischer Unkenntnis zu verkommen und ganz in Vergessenheit zu geraten.«[15] Er selbst möchte die Inspirationslehre wieder ins Gespräch bringen, aber konkret erhält sie bei ihm, der nicht von »der Inspiriertheit des biblischen Urtextes« reden möchte, einen sehr blassen Inhalt: Die Rede von der Inspiration wolle uns lediglich »zu Bewußtsein bringen, daß Gott in der Bibel durch ein durch und durch menschliches, geschichtlich begrenztes Wort von menschlichen Zeugen zu uns spricht«.[16] Die Inspirationslehre hat für ihn vor allem hermeneutische Bedeutung, insofern als sie den Ausleger als Glied der pneumatischen Christengemeinschaft mit dem pneumatischen Text in einem Interpretationszirkel zusammenschließt und ihm die Hoffnung gibt, in der Schrift auf ein lebenschaffendes Wort zu sto-

[13] H.-L. Poetsch, »Zu den Begriffen ›Verbalinspiration‹ und ›Irrtumslosigkeit‹ der Heiligen Schrift«, in: *Die Bibel – Gottes Wort*, Hrsg. H. Dierks, Groß Oesingen, 1982, S. 14 + 17.

[14] H. Sasse, *Sacra Scriptura*, Erlangen, 1981 (Erstveröffentlichung 1950), S. 228: »Wir glauben an die Inspiration der Schrift, obwohl es unmöglich ist, sie zu verstehen, ja auch nur ahnungweise sie zu beschreiben oder gar sie nachzuweisen. Die Inspiration der Schrift ist ein Glaubensartikel im strengen Sinne.«

[15] P. Stuhlmacher, *Vom Verstehen des Neuen Testamentes*, Göttingen, 1979, S. 50.

[16] P. Stuhlmacher, »Hauptprobleme und Chancen kirchlicher Schriftauslegung«, *ThBeitr.* 9 (1978), S. 58f (Anm. 11).

ßen.[17] Immerhin erweist sich dieser Minimalbestand einer Inspirationslehre noch als positiv, verglichen mit dem Pauschalurteil des Theologieprofessors **W. Trillhaas**, der behauptet, das traditionelle Inspirationsdogma sei als »Irrlehre« zu betrachten, das »unermeßlichen Schaden anrichtet«.[18]

Auf **katholischer** Seite spricht man sich dagegen mit Bestimmtheit für die Bibelinspiration aus. In der Enzyklika **Providentissimus Deus** (1893) lehrt Papst Leo XIII: »Vielmehr sind alle Bücher, die die Kirche als heilig und kanonisch anerkennt, vollständig mit allen ihren Teilen unter Eingebung des Heiligen Geistes verfaßt. Der göttlichen Eingebung jedoch kann kein Irrtum unterlaufen. Sie schließt ihrem Wesen nach jeden Irrtum aus. Mit derselben Notwendigkeit schließt sie ihn vollkommen aus, mit der Gott, die höchste Wahrheit, nicht Urheber eines Irrtums sein kann. So ist es alter und beständiger Glaube der Kirche.«[19] Das **II. Vatikanische Konzil** formuliert schon abgeschwächter: »Da also alles, was die inspirierten Verfasser oder Hagiographen aussagen, als vom Heiligen Geist ausgesagt zu gelten hat, ist von den Büchern der Schrift zu bekennen, daß sie sicher, getreu und ohne Irrtum die Wahrheit lehren, die Gott um unseres Heiles willen in heiligen Schriften aufgezeichnet haben wollte.«[20] Die hier ausgesagte Ganzinspiration bezieht die katholische Kirche allerdings auch auf die als kanonisch angesehenen Apokryphen, und die – nun lediglich auf Heilsfragen zugespitzte – Irrtumslosigkeit biblischer Aussagen kommt erst durch das unfehlbare kirchliche Lehramt zum Tragen. Im übrigen zeigt sich seit dem II. Vaticanum unter dem Einfluß protestantischer Theologie eine fortschreitende Aufweichung des Inspirationsbegriffes auch auf katholischer Seite. **Hans Küng** etwa schreibt: »Die Wirkung des Geistes schließt weder Mängel noch Fehler, schließt weder Verhüllung noch Vermischung, weder Beschränktheit noch Irrtum aus. Die neutestamentlichen Zeugnisse, so sehr sie alle den durch Jesus Christus an uns handelnden Gott verkünden, sind weder gleichmäßig noch gleichwertig; da sind hellere und dunklere, deutlichere und undeutlichere, stärkere und schwächere, ursprünglichere und abgeleitete

[17] ebd., S. 54 (Anm. 3) und S. 59 (Anm. 11). Vgl. auch P. Stuhlmacher, »Zur hermeneutischen Bedeutung von 1Kor 2,6–16«, *ThBeitr* 18 (1987): 133–158

[18] W. Trillhaas, *Dogmatik*, Berlin, 1962, S. 79.

[19] In: *Enchiridion Biblicum*, Rom, $^7$1961, S. 124.

[20] In: K. Rahner/H. Vorgrimler, *Kleines Konzilskompendium*, Freiburg, 1967, S. 373f. (Schon Vaticanum I hatte die bibl. Schriften für heilig und kanonisch erklärt, »quod Spiritu Sancto inspirante conscripti Deum habent auctorem«). Zum Zusammenhang von ›Inspiration‹ und ›Irrtumslosigkeit‹ der Schrift in der traditionellen kath. Theologie vgl. auch A. Bea, »Inspiration«, *LThK* Bd. V. Sp. 706.

Zeugnisse; alles in allem höchst vielfältige Zeugnisse, die divergieren, kontrastieren und sich teilweise widersprechen können.«[21]

Auf **evangelikaler** Seite zeigt sich in den letzten Jahren eine positiver akzentuierte Zuwendung zum Thema der biblischen Inspiration. Waren in einem ›evangelikalen‹ Hermeneutikbuch aus dem Jahr 1983 noch folgende verwunderliche Sätze zu lesen: »Eine Inspirationslehre, die über das in der Bibel verheißene Werk des Heiligen Geistes am Menschen hinaus speziell für die Niederschrift der biblischen Bücher noch eine besondere Geistesleitung annimmt, ist unnötig und biblisch-theologisch bedenklich. . . Die Inspirationslehre und die Konzeption von der Irrtumslosigkeit der Schrift sind unnötige Schutzmauern um die Bibel.« In der zweiten Auflage dieses Buches sind diese Sätze weggelassen und durch die von Luther abgeleiteten Aussagen ersetzt: »Weil Gott durch die ganze Schrift Christus verkündigen läßt und sie sich selbst auf Christus hin auslegt, ist sie geistgewirkt, denn der Heilige Geist führt zu Christus«; und: »Wer Christus als den eigentlichen und einzigen Inhalt der Schrift entdeckt, dem erschließt sich gleichzeitig ihre Theopneustie, d.h. die Urheberschaft des Heiligen Geistes. Die Inspirationslehre wird also nicht preisgegeben, sondern von der Selbstauslegung der Schrift abgeleitet.«[22] Damit ist zwar noch nicht die Fülle des biblischen Selbstzeugnisses zur Inspirationsfrage im Blickfeld, indirekt aber immerhin die Inspiration der ganzen Schrift begründet. Auch bei **Adolf Pohl** zeigt sich solch eine positivere Akzentuierung. Während er sich in einer Schrift aus dem Jahr 1967 vor allem gegen jede Form einer »Sonderinspiration« der Heiligen Schrift abgrenzt und für die Abfassung der biblischen Schriften nur ein natürliches Handeln geistlicher Menschen zugesteht, deren besondere Stellung als Apostel er allerdings betont, geht er nun in einer neuen Veröffentlichung weiter.[23] Auch jetzt wird die Autorität der Bibel vor allem mit ihrer Apostolizität begründet – und diese auch auf das Alte Testament als einem ›Buch in apostolischer Mission‹ ausgedehnt –, doch wird nun

[21] H. Küng, *Unfehlbar? Eine Anfrage,* Frankfurt/Berlin/Wien, 1980, S. 178. – Vgl. auch das Buch des katholischen Theologen O. Loretz, *Das Ende der Inspirations-Theologie,* Stuttgart 1974, sowie H.J. Kühne, *Schriftautorität und Kirche,* Berlin, 1979, S. 46–50.

[22] Erstes Zitat: J. Cochlovius, »Leben aus dem Wort«, in: *Arbeitsbuch Hermeneutik,* Krelingen, 1983, S. 412; in 2. Aufl. dann: J. Cochlovius, »Evangelische Schriftauslegung – Grundlage, Gefährdung, Praxis«, in: *Evangelische Schriftauslegung,* Krelingen u. Wuppertal, 1987, S. 436 u. 452.

[23] Zunächst: A. Pohl, *Warum ist die Bibel Gottes Wort?,* Berlin 1967; dann: A. Pohl, *Staunen, daß Gott redet: Die Bibel im Rahmen der Offenbarung Gottes,* Wuppertal u. Kassel, 1988.

die Geistgewirktheit der Heiligen Schrift ausführlicher begründet und dargestellt (S. 48–67; vgl. S. 28.38f.41.44). Die Bibel ist »gottesgegeistet« (S. 57ff), d.h.: »Der Geist des dreieinigen Gottes ließ ›Menschen‹ im akuten Fall in ihrem Herzen verstehen, was ›von Gott her‹ zu sagen ist, und verlieh ihrem Verstand die Fähigkeit, diesen Sinn auch in Worte und Gedankengänge umzusetzen, damit sie für Menschen wirksam werden konnten« (S. 59).

Dennoch bleiben Anfragen an die Inspirationslehre von Adolf Pohl. Erstens weist für ihn die geistgewirkte Schrift als solche zwar auf Christus hin und ist nützlich zum Heil, im übrigen kann sie aber zugleich auch Fehler, Mängel und Irrtümer enthalten (S. 62.68ff).[24] An dieser Stelle geht **Eckhard Schnabel** in seiner Studie zur Inspirationslehre[25] weiter und arbeitet aufgrund des biblischen Selbstzeugnisses und im ausführlichen Dialog mit der Dogmengeschichte die Lehre von der Irrtumslosigkeit der Heiligen Schrift heraus. Zweitens geht Pohl davon aus, daß über Philo eine aus dem Heidentum stammende ekstatische Inspirationsauffassung in die christliche Dogmengeschichte eingeflossen sei und diese bestimmt habe (S. 59f). Doch schon Schnabel hat in begründeter Weise diesen Einfluß – speziell auf die orthodoxe Inspirationslehre – bestritten (aaO., S. 36f); und in einer neueren Studie hat **Helmut Burkhardt** nachgewiesen, daß man Philo fälschlich eine heidnisch-ekstatische Inspirationsauffassung unterstellt hat.[26]

Angesichts der andauernden Diskussion um die Bibelinspiration lohnt es sich, einen Blick auf die Zeugnisse der Väter zu diesem wichtigen Lehrpunkt zu werfen, und dann die Bibel selbst daraufhin zu befragen, was sie im Blick auf ihren geistgewirkten Ursprung zu sagen hat.

[24] Ähnlich auch I.H. Marshall, *Biblische Inspiration,* Gießen, 1986, 141 S. Marshall bekennt sich zwar zur Unfehlbarkeit des inspirierten biblischen Wortes, hält darin aber zugleich Fehler für möglich. Die Spannung in dieser Sicht bleibt ungelöst. Und auch G. Hörster, *Markenzeichen bibeltreu,* Gießen u. Witten, 1990, sieht die Schrift als eine geistgewirkte und untrennbare Einheit von Gotteswort und Menschenwort (S. 26f), wehrt sich aber entschieden gegen ihre Irrtumslosigkeit (S. 43–46).

[25] E. Schnabel, *Inspiration und Offenbarung: Die Lehre vom Ursprung und Wesen der Bibel,* Wuppertal, 1986, 264 S.

[26] H. Burkhardt, *Die Inspiration heiliger Schriften bei Philo von Alexandrien,* Gießen u. Basel, 1988, 265 S.

### 2.1.2 Zeugnisse der Väter zur Bibelinspiration

Schon **Irenäus** (ca. 140–200) bekennt, »daß die Schrift vollkommen ist, weil sie von Gottes Wort und seinem Geist gesprochen ist« (*Adv. Haer.*II, 28.2). Für **Gregor von Nazianz** (✝ 390) hat die Inspiration hermeneutische Bedeutung: »Die kleinsten Linien der Schrift stammen vom Heiligen Geist. Also haben wir die geringsten Schattierungen des Sinnes zu beachten« (*Orat.*2,105). Nach **Augustin** (354–430) sind die biblischen Schriften von Gott »diktiert« (*»divinitus esse dictum«*) und ohne Widerspruch; denn Gottes Geist sprach hier durch Menschen (*»per homines dixerit Dei spiritus«*; in: *DCD* XVIII, 41; XX, 1).

**Calvin** (1509–1564) bekennt: »So halten wir dafür . . ., daß die Schrift zwar durch den Dienst von Menschen, aber tatsächlich doch aus Gottes eigenem Munde uns zufließt« (*Inst.*I.7.5); und: »Wir sind überzeugt, daß die Propheten nicht aus ihrem eigenen Sinn heraus gesprochen haben, sondern als Werkzeuge des Heiligen Geistes *(spiritus sancti organa)* weitergegeben haben, was ihnen vom Himmel aufgetragen war. Wer also von den Schriften Gewinn haben will, muß vor allem daran festhalten, daß er es . . . nicht mit einer aus menschlicher Willkür hervorgebrachten Lehre zu tun hat, sondern mit einer vom Geist ›diktierten‹ *(spiritu sancto dictatam)« (Komm. zu 2.Tim.3,16).* Für **Luther** (1483–1546) ist die Bibel »des Heiligen Geists eigen, sonderlich Buch, Schrift und Wort« (Weimarer Ausgabe = *W.A.* 38,340.8; vgl.54,3.31ff; 54,35; 54,474,4). Und er kann definieren: »*Scriptura, hoc est Spiritus in scriptura* = (Hlg). Schrift, das ist (Hlg.) Geist in der Schrift« (*W.A.* 2,512). Bis in Wortlaut und Ausdrucksweise hinein stammt für ihn die Schrift vom Heiligen Geist (*W.A.* 40,3.254, zu Ps.127,3). Von daher setzt er sich auch energisch für die Bibel als Gottes Wort ein: Wer es verneint, »daß der Evangelisten Schriften Gottes Wort seien . . ., mit dem will ich nicht ein Wort handeln. Denn mit dem soll man nicht disputieren, der da *prima principia* verwirft« (*Tischreden, Erlanger Ausgabe* 57,34).

In der **lutherischen Orthodoxie** des 17. Jahrhunderts wird dann versucht, die Schriftinspiration näher zu definieren und zu beschreiben. Nach **J.A.Quenstedt** (1617–1686) ist sie »ein außerordentlicher Antrieb, Anreiz, Anhauch, Drang und Diktat des Heiligen Geistes, dieses und nichts anderes zu schreiben« (*Theol.*I.4.2.q.5.b.2). Dabei war nach Quenstedt aber die Persönlichkeit des Schreibers nicht ausgeschaltet: »Der Heilige Geist paßte sich der gewöhnlichen Sprechweise an und beließ jedem seine Art der Rede« (*Theol.*I.4.2.q.5. font.5). Letzteres darf nicht vergessen werden; denn meist werden im Blick auf die Orthodoxie nur Sätze wie der von **A.Calov** (1612–1686) zitiert: »Die Autoren der Heiligen Urkunden schrieben nicht auf Grund menschlichen Willens, sondern ›vom Heiligen Geist getrieben‹ (2.Petr.1,21). Und sie waren so Hand *(manus)* oder der Griffel *(calamus)* des Heiligen Geistes, der nicht täuschen und getäuscht werden kann, noch irren oder in der Erinnerung unzuverlässig sein kann« (*Syst.Loc.Theol.*I.4,55).

Einer der Väter des Pietismus, **Johann Albrecht Bengel** (1687–1752), schrieb: »Überhaupt die Heilige Schrift Alten und Neuen Testaments . . . hat einen göttlichen Ursprung« (*Cyclus*, S.112), und folgert im Blick auf die Auslegung: »Jedes Wort, vom Geist Gottes ausgegangen, hat eine geistliche Kraft; umso weniger ist es zu bezweifeln, daß alle Buchstaben des Neuen Testaments gezählt seien, wie der Herr von den Haaren auf dem Haupt der Seinen sagt . . . Auch der kleinste Teil der aus göttlichem Munde hervorgegangenen Rede ist göttlich. Es gibt kein Biegelein in der Heiligen Schrift, das nicht seine Kraft und Bedeutung hätte« (*Weltalter*, S.49).

Der »Fürst unter den Predigern«, **Charles Haddon Spurgeon** (1834–1892), ist von der vollen Inspiration der Bibel überzeugt. In einem Vortrag, der oft als Spurgeons »Letztes Manifest« bezeichnet wird, sagte er: »Lassen Sie mich das noch einmal sagen: Wir sind der Inspiration des Wortes Gottes gewiß! Sie werden feststellen, daß sich viele Angriffe gegen die ›wörtliche‹ Inspiration richten. Diese Umschreibung ist ein Vorwand: ›Wörtliche Inspiration‹ ist das ausdrücklich genannte Ziel des Ansturms, aber der Angriff richtet sich in Wirklichkeit gegen die Inspiration selbst . . . Wir kümmern uns wenig um irgendeine Theorie der Inspiration, denn wir haben keine Inspirationstheorie. Für uns ist die völlige, wörtliche Inspiration der Heiligen Schrift Tatsache und nicht Hypothese . . . Glauben Sie an die Inspiration der Schrift und glauben Sie völlig daran! . . . Wenn Sie Theorien annehmen, die hier ein Stück abschälen und dort die Autorität einer Stelle leugnen, so werden Sie zuletzt gar keine Inspiration haben, die diesen Namen verdient.«[27]

Bis in die neueste Zeit hinein könnte man dieses seit den Tagen der frühesten Christen nicht abreißende Zeugnis zur Inspiration der Bibel verfolgen. Drei Äußerungen mögen hier für viele stehen. Auf der Gründungsversammlung der **Evangelischen Allianz** 1846 in London bekannte man sich zur »göttlichen Eingebung, Autorität und Zulänglichkeit der Heiligen Schrift«. 1903 gaben die Väter der

[27] C.H.Spurgeon, *Es steht geschrieben! Die Bibel im Kampf des Glaubens*, Wuppertal, ²1980, S.30f.

deutschen **Gemeinschaftsbewegung und Allianz** eine Erklärung ab (»Unsere Stellung zur Bibel«), die folgendermaßen eingeleitet wurde: »Wir stehen zu der göttlichen Inspiration und Autorität sämtlicher von Gott gegebenen Schriften Alten und Neuen Testaments.« Und als 1974 führende Vertreter der weltweiten evangelikalen Bewegung in **Lausanne** zusammenkamen, verpflichtete man sich unter anderem auf folgenden Satz: »Wir halten fest an der göttlichen Inspiration, der gewißmachenden Wahrheit und Autorität der alt- und neutestamentlichen Schriften in ihrer Gesamtheit als dem einzigen geschriebenen Wort Gottes.«

Was hat die Gemeinde Christi veranlaßt, sich durch die Jahrhunderte zur Inspiration der Bibel zu bekennen? Wer die Bibel aufmerksam liest, wird feststellen, daß dieser Glaube an die Inspiration der Schrift fest im Selbstzeugnis der Bibel verankert ist.

### 2.1.3 Der göttliche Ursprung des Alten Testaments

Wer wissen will, wie es um den göttlichen Ursprung des alttestamentlichen Kanons steht, hat neben dem Selbstzeugnis der alttestamentlichen Schriften die klaren Aussagen Jesu und der Apostel zum Alten Testament. Von hier aus ergibt sich eine feste Begründung der Würde und Autorität der Schriften des Alten Bundes.

*a) Das Selbstzeugnis der alttestamentlichen Schriften*

Der hebräische Kanon ist in drei Teile aufgeteilt: die *Thora* (= 5 Bücher Mose), die *Propheten* (= Geschichts- und Prophetenbücher) und die *Schriften* (= Psalter, Sprüche, Hiob, Hohelied, Prediger, Ruth, Klagelieder, Esther, Daniel, Esra, Nehemia, Chronika). Obwohl die biblischen Schreiber in der Regel nicht über sich selbst als Autoren reflektieren, finden wir doch beiläufige *Hinweise* in allen drei Kanonteilen, die den Inhalt dieser Bücher als Offenbarung Gottes bezeugen.

Mose als Offenbarungsempfänger erhält den Auftrag, das empfangene *Gesetz* in ein Buch zu schreiben (2.Mo.17,14; 5.Mo.31,24ff). Das Ergebnis ist, daß »alle Worte dieser Thora« Offenbarung Gottes sind (5.Mo.29,28).[28] Folglich zieht das Nicht-Befolgen dieser Wei-

[28] Für das rabbinische Judentum war es keine Frage, daß der Pentateuch (5 Bücher Mose) auf unmittelbarste Weise Gottes Offenbarung ist. In diesem Teil des Kanons wurde menschliche Mitwirkung noch nicht einmal im Rahmen eines Inspirationsempfangs zugestanden, sondern der Thora wurde, als ausschließlich von Gott verfaßt, himmlische Präexistenz zugesprochen. Am Sinai sei diese bereits komplett vorliegende Thora dann Mose zur Promulgation gegeben worden (vgl.

sungen Gottes Gericht nach sich (5.Mo.28,58f). Die *Propheten* sind sich dessen bewußt, daß sie unter Geisteswirken Gottes Offenbarung weitergeben (Mi.3,8; Neh.9,30; vgl. Hos.1,1; Joel 1,1). Gott kann ihnen geradezu diktatmäßig seine Offenbarung weitergeben (Jer.30,2; vgl. 36,2; Jes.8,1; Hab.2,1f), was jedoch keineswegs die einzige Art des prophetischen Offenbarungsempfangs ist. Auch die poetischen Bücher und die Weisheitsschriften innerhalb der alttestamentlichen *Schriften* sind nicht einfach religiöse Lebensäußerungen frommer Menschen, sondern Offenbarungswort Gottes. Gegen Ende seines Lebens sagt David bezüglich seiner Psalmendichtung: »Es spricht David . . ., der Liebling der Lieder Israels: Der Geist des Herrn redet in mir, und Sein Wort ist auf meiner Zunge. Gesprochen hat der Gott Jakobs, zu mir geredet der Fels Israels« (2.Sam.23,1–3; vgl. das Zitat aus Ps.95,7ff in Hebr.3,7ff!). Und auch Salomos Spruchweisheit ist Ergebnis offenbarter »Weisheit von oben« (1.Kö.5,9.12).[29]

### *b) Die Stellung Jesu zum Alten Testament*

Wie Jesus über das Alte Testament gedacht hat, wird uns durchgehend in den vier Evangelien deutlich. Und seine Bibelhaltung ist für uns als Christen von höchster Bedeutung. Kein wahrer Christ sollte eine andere Schrifthaltung haben wollen, als sie Jesus, der Sohn Gottes und Offenbarer des himmlischen Vaters, hatte. Es muß geradezu als gotteslästerlich gelten, wenn heutige Theologen Jesus in seiner Bibelhaltung eine zeitbedingte Trübung des Blicks nachsagen, während sie selbst sich zugute halten, im Zuge ihrer aufklärerischen Bibelkritik objektiver und klarer zu sehen.

Manche meinen allerdings, man könne Jesus selbst für eine kritische Bibelhaltung in Anspruch nehmen. Schließlich habe er doch dem, was das Alte Testament sagt, sein »Ich aber sage euch . . .!« entgegengehalten (Mt.5). Aber solch eine Behauptung übersieht den

b.*Pes.*54a Bar.; Midr.HL 1,2; b.*Sanh.*99a Bar.); P.Billerbeck, *Kommentar zum Neuen Testament aus Talmud und Midrasch* Bd. IV.1, München, [7]1978, S.435–443. Diese ungeschichtliche Auffassung findet im biblischen Selbstzeugnis allerdings keinerlei Anhaltspunkt.

[29] Daß die »Propheten« und »Schriften« des Alten Testaments durch den Heiligen Geist inspiriert, d.h. den jeweiligen Schreibern eingegeben worden seien, ist allgemeine Überzeugung der alten Rabbinen. Später kam vereinzelt allerdings der Gedanke auf, auch diese Teile des Kanons seien schon am Sinai offenbart worden (entweder dem Mose, von dem aus sie dann zunächst mündlich weitertradiert worden wären, oder gar den präexistenten Seelen der späteren Autoren!). Letztere Spekulationen gehen am biblischen Selbstzeugnis völlig vorbei. Zum einzelnen s.P.Billerbeck, aaO., S.443–450.

Kontext und den heilsgeschichtlichen Zusammenhang jener Aussagen. Gerade dort in der Bergpredigt sagt Jesus ja, daß er nicht gekommen sei, die Thora aufzulösen – daß vielmehr der, der Schriftauflösung betreibt, mit Gottes Gericht zu rechnen hat! Jesus übt hier nicht etwa »Sachkritik« am Gesetz. Im Rahmen seiner Zeit und Bestimmung bestätigt er es als Gottes unauflösliche Willensäußerung – und es wird nach seinen Worten nie eine Zeit geben, wo man nach eigenem Gutdünken göttliche Anordnungen verwässern kann, um sie dem eigenen Wunschdenken anzupassen (Mt.5,17–20). Für die Zeit des anbrechenden Gottesreiches bringt Jesus nun aber die neue Ordnung Gottes: »Ich aber sage Euch . . .!« (Mt.5,21ff).[30]

Was Mose lehrte, ist für Jesus »Wort Gottes« (Mk.7,10–13). Was David schrieb, schrieb er unter Inspiration des Heiligen Geistes (Mk.12,36). Im Streit um den Wortlaut eines einzigen Verses kann Jesus grundsätzlich feststellen: »Die Schrift kann nicht gebrochen werden!« (Joh.10,35). Ja: »Leichter vergehen Himmel und Erde, als daß vom Gesetz ein Häkchen fällt« (Lk.16,17). Jesus bezieht sich auf alle drei Teile des hebräischen Kanons: Thora (Mt.4,4), Propheten (Mk.7,6) und Schriften (Mt.4,6). Der ganze alttestamentliche Kanon liegt ihm schon vor: So werden »Gesetz und Propheten« (Mt.7,12; Lk.16,29; 24,27) oder »Mose, Propheten und Psalmen« (Lk.24,44) zusammen genannt; und in Lk.11,51 wird – unter Hinweis auf alle alttestamentlichen Märtyrer vom 1. Buch Mose (Abel; 1.Mo.4) bis zum letzten Buch des hebräischen Kanons, dem 2.Chronikbuch (Zacharias; 2.Chron.24,20f) – der ganze alttestamentliche Kanon umfaßt. Auf Aussagen, die Kritiker heute längst bezweifeln, bezieht

[30] Die Erklärung Jesu zum Gesetz in Mt.5 hat eine klare Struktur, die leider oft übersehen wird. Vers 17 ist gewissermaßen die »Balkenüberschrift« für den Rest des Kapitels: 1) V.17a: »Glaubt nicht, daß ich gekommen bin, das Gesetz und die Propheten aufzulösen. Ich bin nicht gekommen um aufzulösen . . .«, wird in V.18–20 näher entfaltet. Jesus wendet sich hier gegen die pharisäische Praxis, durch die eigenen Überlieferungen die geoffenbarte Willenssetzung Gottes zu verwässern. Jesus wendet sich hier also nicht gegen das alttestamentliche Gebot, sondern gegen eine Praxis der jüdischen Tradition. (Beispiel, etwa Mk.7,11–13). 2) In einer heilsgeschichtlich bedeutsamen Stellungnahme sagt Jesus dann in V.17b: ». . . ich bin nicht gekommen um aufzulösen, sondern um *hinzuzufügen.*« (Die Übersetzung von *plērŏō* = »erfüllen, auffüllen, ergänzen, hinzufügen« ergibt sich aus dem entsprechenden aramäischen Jesuszitat im Talmud, b.*Schab*,116b; vgl. J.Jeremias, *Neutestamentliche Theologie*, S.88f; E.Lohmeyer, *Das Evangelium des Matthäus*, S.106.) Was Jesus mit diesem Wort in V.17b meint, wird in V.21–48 konkret entfaltet: Jesus ist als Messias der Bringer der neuen Thora, die für die neue Heilszeit die ethischen Normen für Jesusjünger offenbart. Kurz: Für alle Zeit ist Gottes offenbartes Wort unantastbar und nicht zu verdrehen; aber nicht für jede Heilszeit gelten die gleichen Anordnungen Gottes.

sich Jesus, der Sohn Gottes, als auf geschichtliche Tatsachen – ob es sich nun um Noah und die Sintflut handelt (Lk.17,26f) oder um Jona im Fisch (Mt. 12,40), um nur zwei Beispiele zu nennen. Und er versteht das Alte Testament als echte Prophetie, die auf ihn verweist (Joh.5,39.46; Lk.24,25). Nicht weniger und nichts anderes als Jesu konsequent bibeltreue Schrifthaltung sollte die Bibelhaltung jedes Christen kennzeichnen.

*c) Die Stellung der Apostel zum Alten Testament*

Eine kleine Beobachtung vorweg: Wiederholt werden im Neuen Testament Ausdrücke wie »Die Schrift sagt« und »Gott sagt« austauschbar gebraucht (Rö.9,17; Gal.3,8). Damit deutet sich an, daß für die Apostel gilt: Was die Schrift sagt, das sagt Gott. Grund dafür ist die apostolische Überzeugung, daß die Heilige Schrift Alten Testaments von Gott eingegeben ist. Für sie ist deutlich, daß »Gott durch den Mund seiner heiligen Propheten von jeher geredet hat« (Apg.3,21); daß »keine Prophetie der Schrift aus eigener Deutung geschieht; denn nicht aus menschlichem Willen wurde je eine Prophetie hervorgebracht, sondern vom Heiligen Geist geführt haben Menschen von Gott her gesprochen« (2.Pt.1,20f). Durch den Mund Davids sprach der Heilige Geist (Apg.1,16). Und das Psalmwort aus Ps.95,7ff wird vom Schreiber des Hebräerbriefes mit dem Hinweis eingeführt, daß hier »der Heilige Geist spricht« (Hebr.3,7). Paulus faßt diese Grundüberzeugung in den umfassenden Satz zusammen: »Die ganze (Hlg.) Schrift ist von Gott ausgehaucht *(theopneustos)* und nütze zur Lehre, zur Erziehung . . .« (2.Tim.3,16). Hier ist zweierlei festzuhalten: Erstens bezieht sich diese Aussage auf den gesamten vorliegenden Kanon des Alten Testaments, und zweitens wird diesbezüglich nicht einfach von einer Personalinspiration (d.h. die at-lichen Schreiber waren »inspirierte« Persönlichkeiten) oder einer Realinspiration (d.h. die großen Gedanken und Konzepte des AT waren inspiriert) gesprochen, sondern von einer Ganzinspiration der gesamten alttestamentlichen Schriften. Dieser Satz faßt die Selbstaussage des Alten Testaments gut zusammen und spiegelt getreu die Schrifthaltung Jesu wieder. Der göttliche Ursprung der Schriften des Alten Bundes kann deutlicher nicht bekannt werden.

### 2.1.4 Der göttliche Ursprung des Neuen Testaments

In gewisser Hinsicht ist es schwieriger, die Inspiration und göttliche Offenbarungsqualität des Neuen Testaments nachzuweisen, als die des AT. Während nämlich Jesus und seine Apostel Hauptzeugen für den göttlichen Ursprung des vorliegenden Alten Testaments sind, ist es uns verwehrt, einen jenseits des Neuen Testaments liegenden Standpunkt einzunehmen, von dem her die neutestamentlichen Schriften beglaubigt werden könnten.[31] Wir müssen schon das

[31] Letzeres versucht die katholische Theologie in ihrer Kanonbegründung. Nach katholischer Ansicht beglaubigt die Autorität der Kirche den Kanon und stellt ihn für uns verbindlich fest. Als gesamtverbindliche und abschließende Festlegung des Kanons gilt dem Katholiken das am 8.April 1546 auf dem Konzil von Trient beschlossene *Decretum de libris et de traditionibus recipiendis,* das – unter Rückgriff auf den 39. Osterfestbrief des Athanasius aus dem Jahr 367 und die Entscheidungen der Regionalkonzile von Hippo Regius (393) und Karthago (397 u. 419), sowie die Antwort von Papst Innozenz I an den Bischof von Toulouse – über die alt- und neutestamentlichen Bücher sowie die alttestamentlichen Apokryphen bezüglich der Kanonisierung entschieden hat. So schreibt der Katholik H.Bacht, »Die Rolle der Tradition in der Kanonbildung«, *Cath.*12 (1958), S.29: »Nach katholischer Auffassung bekundet sich gerade in der Frage nach Bedeutung und Geltung des Kanons die unaufhebbare Angewiesenheit der Schrift und ihres Kanons auf Tradition und Lehramt der Kirche.« Allerdings seien Konzilentscheide nur eine Begründung der Schriftautorität *quoad nos* (im Blick auf uns); in sich *(quoad se)* werde die Autorität kanonischer Schriften durch ihre Inspiration begründet. – Diese katholische Auffassung, nach der letztlich die Kirche den Kanon schafft – während doch umgekehrt der Kanon der biblischen Schriften die Kirche geschaffen hat! –, ist für einen evangelischen Christen, der seinen Glauben allein auf die Schrift und den darin sich bezeugenden Geist Gottes setzt, nicht annehmbar. Statt dessen muß die Autopistie (die Eigenglaubwürdigkeit) der Heiligen Schriften betont werden. Kraft ihrer göttlichen Autorität haben diese Schriften aus sich selbst heraus ihre normative Geltung. Grundsätzlich liegt diese Autorität in der Inspiration dieser Schriften begründet. Der alttestamentliche Kanon wird durch das auf das AT bezügliche Zeugnis des Neuen Testaments bestätigt. Die Kanonizität der neutestamentlichen Schriften findet ihre Bestätigung (a) durch das Selbstzeugnis dieser Schriften und (b) durch ihre Apostolizität, die ihnen einen heilsgeschichtlich einmaligen Charakter gibt, insofern als die Apostel erwählt waren, die zentrale und einmalige Gottesoffenbarung in Christus grundlegend und normativ zu bezeugen. Schon allein von daher, daß seit dem Ende der Apostelzeit kein neues apostolisches Zeugnis vom historischen Jesus mehr geliefert werden kann, muß auch der neutestamentliche Kanon als geschlossen betrachtet werden. Gegenüber später entstehenden pseudoapostolischen und apokryphen Schriften hatte die Kirche der ersten Jahrhunderte dann die Aufgabe, am Ursprünglichen und Echten festzuhalten. Sie tat dies (a) mittels des *äußeren Kriteriums* der Frage, ob eine Schrift historisch sowie nach Sache und Inhalt das Kennzeichen der Apostolizität aufwies (wobei dieses ursprüngliche und grundlegende Zeugnis von Aposteln und Apostelbegleitern der Anfangsgeneration kommen konnte) und (b) mittels des *inneren Kriteriums* des Zeugnisses des Heiligen Geistes *(testimonium Spiritus sancti internum),* das ihr die Gewißheit über den inspirierten und damit autoritativen Charakter der Schrift gab. Die Kanonizität von der subjektiven Beurteilung der Lehraussagen einer Schrift anhand eines »Kanon« im Kanon abhängig zu machen – wie etwa Luther dies tat (s.u., S. 48f) – führt dagegen in den Subjektivismus und hat sich nicht bewährt. Auch Schlatters subjektive Kanonbegründung hilft nicht weiter. Er schreibt über die

Selbstzeugnis des Neuen Testaments hören, um zu erkennen, was Ursprung, Wesen und Geltung dieser Schriften ausmacht.

*a) Alt- und neutestamentliche Schriften stehen als »Heilige Schrift« auf einer Stufe*

Ist die göttliche Herkunft und Autorität des *Alten Testaments* erkannt und anerkannt – wie dies zweifellos bei den Verfassern des Neuen Testaments der Fall war –, muß auffallen, wenn *neutestamentliche* Worte, Schriften oder Autoren ganz selbstverständlich neben alttestamentliche gestellt werden. So findet sich in 1.Tim.5,18 das Doppelzitat: »Denn die (Hlg.) Schrift sagt: ›Dem dreschenden Ochsen sollst Du das Maul nicht verbinden‹ (5.Mo.25,4), und: ›Der Arbeiter ist seines Lohnes wert‹ (Mt.10,10).« Ein Wort aus der Thora wird hier neben ein Wort aus der Jesustradition gestellt, und beide werden mit der Klammer zusammengefaßt: »Die Heilige Schrift sagt«! Diese Gleichrangigkeit gilt aber nicht nur im Blick auf Jesusworte, sondern auch für seine Apostel und ihre Schriften. Wiederholt werden die neutestamentlichen Apostel als Offenbarungsträger auf eine Stufe mit den alttestamentlichen Propheten gestellt (1.Pt.1,12+13; 2.Pt.3,2). Von großer Wichtigkeit ist folgende Aussage im 2.Petrusbrief: »Wie auch unser geliebter Bruder Paulus nach der ihm gegebenen Weisheit euch geschrieben hat, wie auch in allen Briefen, wenn er in ihnen von diesen Dingen redet. In diesen ist einiges schwer zu verstehen, was die Unwissenden und Unbefestigten verdrehen *wie auch die übrigen (Hlg.) Schriften* zu ihrem eigenen Verderben . . .« (3,15f). Hier werden nicht nur die zu diesem Zeitpunkt weitgehend vollständig vorliegenden paulinischen Schriften (das *corpus paulinum)* den Büchern des Alten Testaments gleichgeordnet, sondern es wird als Konsequenz gezogen: Weil es sich bei den Paulusbriefen um Heilige Schrift handelt, zieht ihre Verdrehung und Mißhandlung göttliches Gericht (»Verderben«) nach sich. Die göttliche Heiligkeit neutestamentlicher Schriften wird damit klar ersichtlich.

*b) Jesu in den Evangelien überlieferte Worte haben göttliche Qualität*

Die Evangelien überliefern uns in zuverlässiger Weise die Worte und

Bibel: Ihr »Beweis liegt immer neu in dem, was sie uns gibt. Für den ist sie zum Kanon geworden, dem sie Gottes Willen zeigt«; A.Schlatter, *Das christliche Dogma*, Stuttgart, [3]1977, S.375. Dies kann allenfalls ein seelsorgerlicher Rat sein. – Ausgezeichnet zur Kanonfrage ist H. Ridderbos, *Begründung des Glaubens. Heilsgeschichte und Heilige Schrift*, Wuppertal, 1963, 72 S.

Taten Jesu (vgl. Lk.1,1–4).[32] Und Jesus beansprucht für seine Worte göttlichen Ursprung: »Der mich gesandt hat, ist wahrhaftig; und was ich von ihm gehört habe, rede ich zu der Welt« (Joh.8,26). Entsprechend sind Jesu Worte nicht vergänglich wie alles Irdische, sondern werden bleiben, auch wenn Himmel und Erde vergehen (Mk.13,31). Mit einer Autorität, die Propheten und Schriftgelehrte nicht kannten, verkündet er die neue Offenbarung: »Den Alten ist gesagt worden . . ., ich aber sage Euch!« (Mt.5,21f). Wer auf diese Worte baut, hat sein Leben auf Fels gegründet (Mt.7,24); er hat ewiges Leben gefunden (Joh.5,24). Jesus, der einerseits selbst das ›Wort Gottes‹, die ureigenste Offenbarung der Gottheit *ist, bringt* den Menschen Gottes schöpferisches Wort. Seine Worte sind Offenbarung. Und diese Offenbarungsworte überliefert er nun – zum Auswendiglernen, wie ein Rabbi! – seinen Jüngern, damit sie diese Worte »bewahren« (Joh.17,6.8) und ihrerseits anderen getreu überliefern (Mt.28,18f; 2.Pt.3,2). Dabei verheißt er ihnen zur genauen Erinnerung den Beistand des Heiligen Geistes (Joh.14,26). So dürfen wir davon ausgehen, daß unsere Evangelien eine durch Geistesleitung zustande gekommene getreue Wiedergabe der durch Christus gegebenen Gottesoffenbarung sind. Wie aber steht es mit den Briefen des Neuen Testaments?

### *c) Die Apostel selbst sind Offenbarungsträger und Empfänger des göttlichen Wortes*

Schon Jesus hatte seinen Aposteln verheißen: »Wenn aber jener, der Geist der Wahrheit, gekommen ist, wird er euch in die ganze Wahrheit leiten« (Joh.16,13). Das haben die Apostel dann auch erfahren. Paulus kann sagen: »Ich teile euch aber mit, Brüder, daß das von mir verkündigte Evangelium nicht menschlicher Art ist. Ich habe es nämlich von keinem Menschen erfahren oder gelernt, sondern durch Offenbarung Jesu Christi« (Gal.1,11f). Oder: »Mir ist durch Offenbarung das Geheimnis kundgetan worden . . ., das in anderen

[32] Die Zuverlässigkeit der Evangelienberichte wurde von der kritischen Theologie unseres Jahrhunderts zwar immer wieder bestritten, doch lassen sich starke Argumente für die Glaubwürdigkeit der Evangelien anführen. Vgl. H.Staudinger, *Die historische Glaubwürdigkeit der Evangelien,* Gladbeck, ²1971; F.F.Bruce, *Die Glaubwürdigkeit der Schriften des Neuen Testaments,* Liebenzell 1976; H.Stadelmann, »Die Entstehung der synoptischen Evangelien«, *Bibel und Gemeinde* 77 (1977), S.46.67; B.Gerhardsson, *Die Anfänge der Evangelientradition,* Wuppertal, 1977; H.Burkhardt, *Wie geschichtlich sind die Evangelien?,* Gießen, 1979; R.Riesner, *Jesus als Lehrer,* Tübingen, ²1984; ders., »Der Ursprung der Jesus-Überlieferung«, *Theol.Zeitschrift* 38 (1982) S.493–513.

Generationen den Söhnen der Menschen nicht mitgeteilt wurde, aber jetzt seinen heiligen Aposteln und Propheten durch den Geist geoffenbart worden ist« (Eph.3,3ff; vgl. Rö.16,25f). Und ganz deutlich spricht er über die ihm geschenkte Offenbarung und Inspiration in 1.Kor.2,9–13: »Was kein Auge gesehen und kein Ohr gehört hat und in keines Menschen Herz aufgestiegen ist, hat uns Gott geoffenbart durch den Geist . . . Davon reden wir auch, nicht in Worten, die menschliche Weisheit lehrt, sondern in solchen, die durch den Heiligen Geist gelehrt sind.« Wir sehen hier ganz deutlich: Es geht dem Apostel nicht bloß um ein menschliches Zeugnis vom Christusgeschehen; auch nicht um bloße »Personalinspiration« (als wollte sich Paulus als ein »inspiriertes« religiöses Genie darstellen) oder um eine sogenannte »Realinspiration« (als wäre nur das große Konzept von Gott offenbart, seine theologische Ausdeutung und Entfaltung aber der Kreativität des Menschen überlassen). Nein: Paulus spricht von einer »Ganzinspiration«, die mit der Leitung des Heiligen Geistes rechnet – bis in die Formulierung der Worte hinein! Von daher kann Paulus seine Verkündigung auch gegen das Mißverständnis abgrenzen, nur »Menschenwort« zu sein: Nein, es geht dabei um »wahrhaftiges Gotteswort« (1.Thess.2,13). Auch Petrus spricht von dieser Inspiration, wenn er die Apostel als Männer bezeichnet, die »Euch durch den vom Himmel gesandten Heiligen Geist das Evangelium predigten« (1.Pt.1,12). Johannes schließlich empfängt seine prophetisch-apokalyptische Offenbarung direkt vom erhöhten Herrn, wobei ihm sogar gesagt wird, was er im einzelnen niederschreiben soll (Offb.1,1f.10f). So wird man auch die neutestamentlichen Briefe und die Johannesapokalypse gemäß ihrem Selbstzeugnis nicht nur als menschliche Erinnerung und Deutungsversuche göttlichen Offenbarungshandelns sehen dürfen, sondern als inspiriertes Gotteswort.

### 2.1.5 Die Bibel als Gotteswort und Menschenwort

Rational oder psychologisch wird man den Vorgang der Inspiration nie ganz aufschlüsseln können. Gott hat »auf mancherlei Weise zu den Vätern gesprochen« (Hebr.1,1), und Gottes Geist wird sich in seinem Handeln am Menschen nicht auf irgendwelche Schemata festlegen lassen. Vielleicht kann man das Geheimnis der Inspiration so umschreiben: Gott hat schwache Menschen durch seinen Geist so geleitet, daß sie – unter Gebrauch ihrer Sprache, ihrer Persönlichkeit, und zu konkreten Anlässen – unfehlbar sein eigenes, wahres Wort niederschreiben.

Von ihrer Inspiration her ist die Bibel zugleich ganz Menschenwort und ganz Gotteswort, so wie Jesus zugleich wahrer Gott und wahrer Mensch war. Wer nur die göttliche Seite Jesu betont, verfällt der Irrlehre des Doketismus (d.h. der falschen Lehre, daß Christus nur einen Scheinleib gehabt habe) und leugnet das Wunder der Inkarnation (Joh.1,14; 1.Joh.4,2f). Wer nur die menschliche Seite Jesu sieht, hat in keiner Weise begriffen, als wen ihn das Neue Testament bezeugt. Die Zwei-Naturen-Lehre Christi gehört zum Grundbestand christlichen Glaubens. Ganz analog verhält es sich mit der Bibel. Sie ist wahres Menschenwort. Das heißt, Gott ließ uns sein Wort in verständlicher Sprache zukommen: Als man allgemein Hebräisch sprach, ließ er die alttestamentlichen Schriften in Hebräisch schreiben; als das Aramäische immer mehr aufkam, wurden Teile des Alten Testaments in dieser Sprache verfaßt; und als Griechisch Weltsprache wurde, gab Gott seine Offenbarung im umgangssprachlichen Dialekt der damaligen Zeit, dem Koine-Griechisch. Die Bibel fiel nicht als ein zeitloses Buch vom Himmel, sie beansprucht auch nicht – wie der Koran – ein durchgängiges Diktat zu sein, sondern ihre einzelnen Teile entstanden in konkreten geschichtlichen Situationen. So sah sich Juda dem Gottesgericht des Exils gegenüber – und gerade in diese Lage hinein bringt Jeremia seine wegweisende Botschaft; da gab es handfeste Gemeindeprobleme in Korinth – und gerade sie werden zum Anlaß für konkrete Gottesoffenbarung über christusgemäßes Verhalten in der Gemeinde. Daß das biblische Wort der Boten auf geschichtliche Situationen antwortete, gehört zur Bibel als wahrhaft ›menschlichem‹ Buch. Daß diese Botschaft sich allerdings nicht mit dem Vergangenen erschöpft, sondern noch heute mit gleicher Aktualität spricht, weist schon darauf hin, daß die Bibel zugleich weit mehr ist als nur ein menschliches Buch.

Wenn Gott nun in bestimmten Situationen Menschen gebrauchte, um sein Wort zu vermitteln, geschah dies keineswegs unter Ausschaltung ihrer Persönlichkeit. Es ist geradezu Kennzeichen des Heiligen Geistes gegenüber so manchen religionsgeschichtlich bekannten ›Geist‹-Phänomenen, daß er die Menschen, durch die er wirkt, nicht in mediumistischer Manier ausschaltet, trance-artig entpersönlicht und willenlos benutzt, sondern sie als Persönlichkeiten in Dienst nimmt. So gehört zur Bibel als wahrem Menschenwort auch, daß Paulus einen anderen Sprachstil hat als Johannes und Jakobus wieder einen anderen als der Hebräerbriefschreiber. Selbst die Temperamente der Schreiber prägen die Ausdrucksweise der Schriften mit – man betrachte nur einmal das Durchscheinen der jeweiligen Individualität im Jeremiabuch oder dem zweiten Korintherbrief! Gottes Geist bereitet sich seine Werkzeuge zu: in ihrer Sprache, ihrer Prägung, ihren Erfahrungen, ihrer Bildung – wie auch durch die tiefgreifenden Veränderungen, die sich aus der Lebenswende in der Begegnung mit Christus und dem sich offenbarenden Gott ergeben. Gottes Geist gestaltet die Persönlichkeit und nimmt sie in ihrem so gewordenen Menschsein in seinen Dienst. Und er wählt – ja, in gewisser Hinsicht: er gestaltet – die historischen Gegebenheiten, in denen er eine bestimmte, für die konkrete Situation sowie für künftige Zeiten geltende Offenbarung geben will.

Daß Gott die persönliche Individualität des biblischen Schreibers voll in Dienst nahm, wobei dieser in aller Regel willentlich und mit Engagement auf eine bestimmte geschichtliche Situation antwortete, will nun umgekehrt aber nicht heißen, daß sich der Horizont des so zustande gekommenen Wortes notwendig auf den persönlichen Horizont des von Gott gebrauchten Autors begrenzen muß. Erich Sauer kommentiert dazu treffend: »(Mehr) als einmal ist der gottgemeinte Sinn des inspirierten Wortes weit über das Verständnis des inspirierten Schreibers hinausgegangen! Bei aller Mitindienststellung der menschlichen Persönlichkeit nach Anlage, Lebensgeschichte und bewußter, geistiger Mitarbeit (vgl. Luk.1,1–3) – worin sich eben die biblisch-organische Inspiration vom magisch-spiritistischen ›Diktat‹ unterscheidet –, hat dennoch der Geist Gottes den Werkzeugen Seiner Inspiration zuweilen Worte eingegeben, deren letzter und tiefster Sinn ihnen selber – jedenfalls zum Teil – verborgen blieb. So haben sie viel von zukünftigen Ereignissen geweissagt und dennoch deren Zeitfolge nicht erkannt, und als sie über diese ›Zeiten und Zeitpunkte nachforschten‹, wurde ihnen sogar durch eine besondere ›Offenbarung‹ ihr Nichtverstehen dahin ›verständlich‹ gemacht, daß sie dies gar nicht wissen brauchten; denn sie täten ihren Dienst ›nicht für sich selbst‹, sondern für die Geschlechter eines kommenden Zeitalters (1.Petr.1,10–12). Verschiedentlich sind wir auch geradezu überrascht, zu sehen, wie das Neue Testament bei gewissen alttestamentlichen Stellen einen zuerst gar nicht ersichtlichen, viel tieferen Sinn offenbart, als es nach dem alttestamentlichen Wortlaut und Zusammenhang der betreffenden Stelle zunächst zu erwarten war. Es ist eben alles geschichtlich bedingt und doch ewigkeitsdurchdrungen, menschlich und göttlich, zeitlich und überzeitlich zugleich.«[33]

Wenn es um die Bibel als »wahres Menschenwort« geht, wird nun immer wieder gefolgert, Menschenwort müsse notwendig auch fehlerhaft, irrtümlich und im relativierenden Sinn zeitverhaftet sein. Damit werden wir uns noch beschäftigen. Hingewiesen sei hier jedoch schon auf H.Echternach, der gegenüber jener Folgerung zunächst zu bedenken gibt: In »Glaubensfragen sind Irrtümer alles andere als vermeidliche und letztlich harmlose Randwirbel um das kirchliche Geschehen; ein Irrtum *in sacris* (in heiligen Dingen – d.Verf.) ist in jedem Falle eine Beleidigung Gottes ...«[34] Und dann kommentiert er die Menschlichkeit bzw. die »Fleischwerdung« des Wortes: »Inkarnation heißt, daß die Wahrheit *verhüllt* ist, nicht daß sie entstellt wäre. Und wodurch? Meine Antwort: Verhüllt in Geschichte. Verborgen in konkreten Situationen.«[35]

Das von Gott eingegebene Wort der Bibel beansprucht ja nicht nur Menschenwort, sondern zugleich auch wahres Gotteswort zu sein. Ihre eigenen Aussagen kann die Bibel als »Wort Gottes« bezeichnen (Mt. 15,6; Joh.10,35; Rö.3,2; Hebr.4,12). Bücher des Alten und Neuen Testaments sind »Heilige Schrift« (2.Tim.3,15f; 2.Pt.3,16). Und öfters lesen wir ganz einfach den Ausdruck »die Schrift sagt« an Stellen, wo wir ein »Gott sagt« erwarten würden (Rö.9,17; Gal.3,22; vgl. Rö.11,32). So wird deutlich: Was die Schrift sagt, sagt Gott. Was er aber sagt, sagt er durch Menschen in bestimmten Situationen, unter Einbeziehung ihrer Persönlichkeit und Ausdrucksweise – und doch so, daß jedes Wort sein Wort bleibt. Der Mensch als Autor und Zeuge ist hineingenommen in Gottes Offenbarungshandeln. Es ist klar, daß sich von hier aus Konsequenzen für die Autorität und Zuverlässigkeit der Bibel ergeben.

[33] E.Sauer, *Der König der Erde*, Wuppertal, 1959, S.301. – Vom menschlich gesehen durchaus begrenzten Standpunkt des biblischen Autors aus betrachtet ist hermeneutisch also durchaus mit einem *sensus plenior* (dem erweiterten Sinn) einer Schriftstelle zu rechnen. Dieser ist aber nicht ins Belieben der Phantasie des Auslegers gestellt, sondern muß sich nach dem Grundsatz *scriptura sui ipsius interpres* (die Schrift legt sich selbst aus) aus dem heilsgeschichtlichen Schriftganzen ergeben. S. dazu d.Abschnitte 3.4.1 u. 3.4.2.

[34] H.Echternach, aaO., S.122.

[35] ebd., S.122 (Hervorhebungen vom Verf.).

## 2.2 Die Autorität und Zuverlässigkeit der Bibel

Die Bibel versteht sich als Gottes Offenbarungswort an uns. Das haben wir anhand ihres Selbstzeugnisses gesehen. Wer nun um die Realität des lebendigen, in der Heilsgeschichte sich offenbarenden Gottes weiß, wer angesichts der Auferstehungstatsache Jesus als den – auch in seinem Schriftzeugnis – wahren Sohn Gottes und Kyrios erkennt, wird das Zeugnis der biblischen Bücher zu ihrer Inspiration und göttlichen Offenbarungsqualität annehmen. Man sollte nun meinen, daß dort, wo die Bibel grundsätzlich als Gottes Offenbarung geglaubt und erkannt wird, sich der Mensch der Autorität und dem Wahrheitsanspruch dieses Wortes beugt. Anders jedoch in der Theologie! Hier wird weithin noch immer versucht, doppelgleisig zu fahren: Einerseits möchte man in der Bibel das Wort Gottes haben, zu dem man sich grundsätzlich durchaus bekennt, andererseits möchte man seiner kritischen Vernunft aber auch die Freiheit lassen, die Bibel in diesem Stück zu verehren, in jenem dagegen zu verwerfen. Und so ergibt sich – bis hin in evangelikale Kreise – eine große Vielfalt an Positionen einer mehr oder weniger eingeschränkten Autorität und Zuverlässigkeit der Bibel.

### 2.2.1 Positionen einer eingeschränkten Autorität und Wahrheit der Bibel

In diesem Zusammenhang wäre es nun leicht, sich mit Theologen auseinanderzusetzen, die eine radikale Bibelkritik vertraten – wie etwa David Friedrich Strauss (1808–1874) im neunzehnten oder Rudolf Bultmann (1884–1976) im zwanzigsten Jahrhundert. Der weltanschaulich-philosophischen Kritik dieser Männer fielen nahezu alle Wahrheiten – und vor allem Wunder – der Bibel zum Opfer. Was bei Bultmann von der biblischen Botschaft übrigblieb, war ein existentialphilosophisches Programm in theologischem Gewand, und als »mythologischer Rest« blieb der Glaube an einen (unbekannten?) »Gott«[36]. Auch radikale Positionen, wie sie der Bultmann-Schüler Käsemann vertrat, sollen uns hier nicht näher beschäftigen. Er forderte, man solle »von dem unbegreiflichen, aber bei Theologen und in Gemeinden grassierenden Aberglauben abrücken, im Kanon bekunde sich überall nur echter Glaube« – während in der Bibel doch »Glaube und Aberglaube« zugleich auf dem Plan seien![37] Ich kann

[36] Siehe dazu Kl.Bockmühl, *Atheismus in der Christenheit*, Wuppertal, $^{2}$1970, S.13–47 (bes.S.37–40).

[37] E.Käsemann, *Das Neue Testament als Kanon*, Göttingen,1970, S.407.

mir kaum vorstellen, daß radikal-kritische Thesen dieser Art eine Gefährdung für christliche Gemeinden darstellen. Bedenklich wird es allenfalls, wenn Schüler solcher Radikaltheologen ihre kritischen Ansichten den Gemeinden von den Kanzeln herunter in jeweils kleiner Dosis und fromm verpackt präsentieren. Als Meister der sprachlichen Dialektik sind sie dann kaum zu greifen, und für die Gemeinde wird es schwer, die Irrlehre namhaft zu machen.

Im Unterschied zur radikalen Bibelkritik stellt meines Ermessens die gemäßigte Kritik sogenannter »positiver« Theologen allerdings von vornherein ein seelsorgerliches Problem dar. Man kann von diesen Theologen – gerade was ihr Christuszeugnis betrifft – viel lernen und erkennt sie als Brüder in Christo. Angesichts dieser Vertrauensbasis fällt es angehenden Theologen, wie auch der glaubenden Gemeinde umso schwerer, den kritischen Restbestand in der Bibelauffassung dieser Ausleger als Bibelkritik und Gefahr zu erkennen. Aus seelsorgerlichen Erwägungen heraus möchte ich im folgenden einige Entwürfe dieser Art exemplarisch nennen. Ich tue es als einer, der von jedem der zu nennenden Theologen vieles dankbar gelernt hat. Und ich tue es in der Hoffnung, daß das Werk jener Männer dem Leser in mancher Hinsicht zum Gewinn werden kann, wenn er nur im Blick auf wesentliche kritische Punkte vorinformiert ist.

Wenden wir uns zunächst einmal **Emil Brunner** (1889–1966) zu. In seinem populären Buch »*Unser Glaube*« vermittelt er seinen Lesern in großer Anschaulichkeit, warum gewisse Fehler und Ungereimtheiten in der Bibel den Hörer ihrer Botschaft nicht weiter beunruhigen sollten: »An allen Straßen sieht man Plakate der Grammophongesellschaft ›His masters voice‹, das heißt auf deutsch: ›Seines Meisters Stimme‹. Also will die Grammophongesellschaft sagen: Kauf eine Platte, und du hörst des Meisters, Carusos, Stimme ... Wirklich seine Stimme? Jawohl! Und doch – ja eben: das Grammophon macht halt noch sein eigenes Geräusch. Das ist nicht des Meisters Stimme, das ist Gekratz von Hartgummi. Aber schilt nicht über den Hartgummi! Nur durch die Hartgummi-Grammophonplatten kannst du ›des Meisters Stimme‹ hören. Sieh, so ist's mit der Bibel. Sie macht dir des wirklichen Meisters Stimme vernehmlich ... Aber es hat Nebengeräusche dabei, eben darum, weil Gott durch Menschenmund sein Wort spricht ... Darum ist alles wohl seine Stimme, aber mit all dem Störenden, das nun einmal zum Menschlichen gehört.«[38] In seiner Dogmatik führt Brunner

[38] E.Brunner, *Unser Glaube*, $^{12}$1967 ($^{1}$1939), S.12.

dann aus, was er mit dem »Störenden« meint: »Sofern die Bibel über Gegenstände weltlichen Wissens spricht, hat sie *keinerlei Lehrautorität.* Weder ihr astronomisch-kosmologisches oder geographisches Weltbild, noch ihre zoologischen, ethnographischen oder historischen Aussagen sind für uns bindend, weder die des Alten noch die des Neuen Testaments. Hier ist vielmehr der rational-wissenschaftlichen Kritik freier Raum zu geben.«[39] Nur solche Bibelaussagen, die sich von der Christusoffenbarung her begründen lassen, sind verbindlich: »Die Schrift ist unbedingte Autorität, sofern in ihr die Offenbarung, Jesus Christus selbst, zur Geltung kommt. Die Schriftlehre als solche aber ist, obschon sie unbedingter *Grund* unserer christlichen Lehre ist, nur in bedingtem Sinne Norm derselben. Die kritische Besinnung über die Adäquatheit oder Inadäquatheit des biblischen Lehrzeugnisses für die bezeugte Offenbarung bleibt uns nicht erspart . . .«[40] Wohlgemerkt: Diese kritischen Worte kommen aus der Feder eines »positiven« Theologen! Ein Programm theologischer Willkür beginnt hier.[41]

Die Bibel ist nun daraufhin abzuklopfen, wo in ihr Offenbarung hörbar wird. Warum das eine in der Schrift verbindlich sein soll und das andere nicht, und was im einzelnen als offenbarungsgemäß gilt oder als zeitbedingt und überholt zu verwerfen ist, sind Fragen, die

[39] E.Brunner, *Die Christliche Lehre von Gott. Dogmatik Bd.1*, Zürich, 1946, S.57 (Hervorhebung im Original).

[40] ebd., S.57f (Hervorhebung im Original). Entsprechend definiert E. Brunner, *Die christliche Lehre von Schöpfung und Erlösung. Dogmatik Bd.* 2, Zürich 1950, S. 61, seinen »theologischen Kanon«: »daß wir in allen theologischen Aussagen von der Gottesoffenbarung in Jesus Christus als dem fleischgewordenen Gotteswort auszugehen haben und durch keine biblischen Texte an sich, vor allem nicht durch alttestamentliche Historie, gebunden sind.« – Ganz ähnlich wird die Bibelautorität begrenzt von E.Schütz, »Gottes Wort und des Menschen Antwort im Glauben«, *Wort und Tat* 21 (1967), S.304: »Nur von der Autorität Jesu Christi her erhält das Neue Testament (wie die ganze Schrift) Autorität . . . Stimmt dies, dann ist aber die Autorität der Schrift von vornherein eine begrenzte, nämlich soteriologische Autorität, denn Christus ist in die Welt gekommen, zu suchen und zu retten, was verloren ist. Die Schrift will folglich keine historische oder weltbildliche Autorität sein.« Im Grunde gilt die Bibel also nur noch in Heilsfragen!

[41] Auch Ernst Käsemann, der das Bibelwort in vielen Stücken für »Aberglauben« hält, beschränkt – ähnlich wie Brunner – die Schriftautorität auf Heilsfragen. In der Rechtfertigungslehre findet er seinen »Kanon« im Kanon: Wo die »Rechtfertigung nicht mehr klar und zentral zu Worte kommt, endet für mich mit dem spezifisch Christlichen auch die theologische Autorität des Kanons . . .« (in: *Das Neue Testament als Kanon,* S. 369). Von diesem – grundsätzlich gleichen – Ansatz aus entschließt er sich aber dann zu einer weit radikaleren Bibelkritik als Brunner.

nun von Theologe zu Theologe unterschiedlich beantwortet werden, und auf die der Bibelleser auch kaum mehr objektive Antworten erwarten kann. Wie weit im Einzelfall die Kritik geht (bei Brunner fegt sie z.B. die Jungfrauengeburt Jesu mit weg – während Karl Barth, der sonst eine ganz ähnliche Schrifthaltung vertritt, energisch an diesem Lehrpunkt festhalten will[42]) ist der Subjektivität des einzelnen Theologen anheimgestellt. Für Rudolf Bultmann etwa, der sich in der Kritik weiterzugehen entschließt, ist bereits nicht mehr einsichtig, warum sich die Kritik auf Weltbildfragen und Wundererzählungen beziehen darf, dann aber plötzlich auf Verbotsschilder stößt, wenn es um Jesus und um Heilsdinge geht. Er kann einerseits in diesseitsgläubiger Wissenschaftsverabsolutierung feststellen: »Man kann nicht elektrisches Licht und Radioapparat benutzen, in Krankheitsfällen moderne medizinische und klinische Mittel in Anspruch nehmen und gleichzeitig an die Geister- und Wunderwelt des Neuen Testaments glauben.«[43] Andererseits bezieht er diese Art von Kritik in gleicher Weise auch auf »Zentralfragen« des Glaubens: »Erledigt sind damit die Geschichten von der Himmel- und Höllenfahrt Christi; erledigt ist die Erwartung des mit den Wolken des Himmels kommenden ›Menschensohns‹ und des Entrafftwerdens der Gläubigen in die Luft, ihm entgegen.«[44] Oder er schreibt gar: »Wie kann meine Schuld durch den Tod eines Schuldlosen (wenn man von einem solchen überhaupt reden darf) gesühnt werden? Welche primitiven Begriffe von Schuld und Gerechtigkeit liegen solcher Vorstellung zugrunde? Welch primitiver Gottesbegriff? Soll die Anschauung vom sündentilgenden Tode Christi aus der Opfervorstellung verstanden werden: welch primitive Mythologie, daß ein Mensch gewordenes Gotteswesen durch sein Blut die Sünden der Menschen sühnt! . . . Und zudem: war Christus, der den

[42] Vgl. K.Barth, *Kirchliche Dogmatik* Bd.I.2, Zollikon, 1938, S.201: »Was Brunner in seinem neuesten Buch ›Der Mensch im Widerspruch‹, 1937, S.405f, zu dieser Sache (der Jungfrauengeburt Jesu) beibringt, ist so schlimm, daß ich nur durch Schweigen dazu Stellung nehmen kann.« – Ähnliches läßt sich heute freikirchlicherseits feststellen: Während E.Schütz (wie Brunner – möglicherweise im Gefolge von ihm) zu einer faktischen Leugnung bzw. kerygmatheologischen Uminterpretation der Jungfrauengeburt kommt (E.Schütz, »Unser Christuszeugnis auf dem Grund der Schrift«, *Theol. Gespräch* 3–6/1983, S.16f), gelangt A.Pohl (s.o. S. 19) – in der Praxis zu merklich ›konservativeren‹ Ergebnissen und würde sich gegen eine solche Sicht wehren.

[43] R.Bultmann, »Neues Testament und Mythologie«, in: *Kerygma und Mythos* Bd. I, Hamburg, 1948, S.18.

[44] ebd., S.18.

Tod litt, Gottes Sohn, das präexistente Gottwesen, was bedeutete dann für ihn die Übernahme des Sterbens? Wer weiß, daß er nach drei Tagen auferstehen wird, für den will offenbar das Sterben nicht viel besagen!«[45] Mit solchen Aussagen gelangen wir an Endstationen des Programmes der Bibelkritik.

**Karl Barth** (1886–1968) hat solch eine Demontage des biblischen Christusbildes entschieden abgelehnt. Doch auch er hat ein seltsam zwiespältiges Verhältnis zur Heiligen Schrift. Für Barth ist es keine Frage, daß der Herr, der einst zu Mose, den Propheten, Evangelisten und Aposteln geredet hat, heute durch deren geschriebenes Wort zu seiner Kirche redet. Ja, und sofern sich dieses Wunder des Redens Gottes durch das Zeugenwort der Bibel ereignet, »ist« die Bibel sogar Gottes Wort. Barth, der sich in seinem Kampf gegen den Kulturprotestantismus des 19. und frühen 20. Jahrhunderts mit dessen Vereinnahmung Gottes für diesseitige Programme entschieden für die strenge Transzendenz Gottes einsetzte (so betont er mit Kierkegaard immer wieder: »Gott ist im Himmel – und du Mensch bist auf der Erde!«; vgl. Pred. 5,1), wehrt sich allerdings gegen jede direkte Identifizierung von Bibel und Gottes Wort. Kierkegaards Philosophie und die genannte Frontstellung gegen den Kulturprotestantismus lassen den jungen Barth gegen alles eifern, was wie eine Dingfestmachung oder Vereinnahmung des Transzendent-Göttlichen im irdisch-menschlichen Bereich aussehen könnte. Von daher schreibt er: »Ausgeschlossen wäre nun gewiß auch dies: daß zwischen dem Menschenwort der heiligen Schrift und dem Worte Gottes und also zwischen dieser geschöpflichen Wirklichkeit an sich und als solcher und der Wirklichkeit des Schöpfers eine *direkte* Identität bestünde . . .«[46] Die Bibel »ist« Gottes Wort nur jeweils in der Erinnerung und in der Erwartung, daß Gott aus diesem Wort schon zu uns sprach und daß er wieder zu uns sprechen möge. Sie »ist« Gottes Wort also nie vorliegend, sondern immer nur in der Erinnerung und in der Hoffnung, daß durch dieses Buch das Wunder des Wortes Gottes sich ereigne: »Vom Buch als solchem in seinem uns vorliegenden Bestand können wir nur sagen: Wir erinnern uns, da und dort in diesem Buch das Wort Gottes gehört zu haben; wir erinnern uns, in und mit der Kirche, daß das Wort Gottes auch schon in diesem *ganzen* Buch, in *allen* seinen Bestandteilen gehört worden ist; und daraufhin erwarten wir, das Wort Gottes in diesem Buch wiederzuhören . . . Die Gegenwart des Wortes Gottes selbst aber . . . ist

[45] ebd., S.20–21.
[46] K.Barth, *Kirchliche Dogmatik* Bd.I.2, Zollikon, 1938, S.553

nicht identisch mit der Existenz des Buches als solcher. Sondern in dieser Gegenwart geschieht etwas in und mit dem Buch, wozu das Buch als solches zwar die Möglichkeit gibt, dessen Wirklichkeit aber durch die Existenz des Buches weder vorweggenommen noch ersetzt sein kann.«[47]

Um diese nur »indirekte Identität« zwischen Bibelwort und Gotteswort lehrmäßig durchhalten zu können, muß man nach Barth allerdings die orthodoxe Inspirationslehre »als Irrlehre angreifen und ablehnen. Ihre (d.h. der Orthodoxen – d.Verf.) Durchführung und Systematisierung der überlieferten Sätze über die göttliche Autorschaft der Bibel bedeutete eine Vergegenwärtigung des Wortes Gottes unter Streichung der Erkenntnis, daß dessen Vergegenwärtigung nur seine (d.h. Gottes – d.Verf.) eigene Entscheidung und Tat sein und daß unser Teil an ihr nur in der Erinnerung und Erwartung seiner ewigen Gegenwart bestehen kann.«[48]
Auf der anderen Seite betont Barth nun sehr entschieden die Menschlichkeit des Bibelwortes. Daß uns in der Bibel Menschwort vorliegt, heißt für ihn auch immer schon, daß es sich um fehlerhaftes, irrtümliches Wort handeln muß: »Als Zeichen, als menschlich zeitliches Wort – und damit ist gesagt: bedingt und auch beschränkt – steht sie (d.h. die Bibel – d.Verf.) doch auch immer wieder vor uns ... Die Menschen, die wir hier als Zeugen reden hören, reden als fehlbare, als irrende Menschen wie wir selber.«[49] Und weiter: »Wir stoßen in der Bibel hinsichtlich alles dessen, was ihr Welt- und Menschenbild betrifft, beständig auf Voraussetzungen, die nicht die unsrigen sind, und auf Feststellungen und Urteile, die wir uns nicht zu eigen machen können.«[50] Ja, für Barth gilt sogar: »Die Anfechtbarkeit bzw. Irrtumsfähigkeit der Bibel erstreckt sich ... auch auf ihren religiösen bzw. theologischen Gehalt.«[51] Die Bibel ist für ihn »anfechtbar – auf der ganzen Linie anfechtbares Menschenwort«![52]

47 ebd., S.588f (ähnlich schon S.558.561.568.) – Diese Schriftauffassung, die im eigentlichen Sinne nicht damit rechnet, daß die Bibel Gottes Wort »ist«, sondern vielmehr, daß sie es »wurde« und »wird« – wann und wo es Gott gefällt –, wird von ihren Anhängern oft euphemistisch als »dynamisches Schriftverständnis« dem vermeintlich »statischen« gegenübergestellt. Und wer wollte in unserer modernen Zeit nicht »dynamisch« sein! Doch diese Etikette verkürzt und entstellt den wahren Sachverhalt nach beiden Seiten. Und letztlich kommt es nicht auf die schönen Bezeichnungen, sondern auf die Schriftgemäßheit einer Lehre von der Heiligen Schrift an.

48 ebd., S.583.

49 ebd., S.562.

50 ebd., S.564.

51 ebd., S.565.

52 ebd., S.568.

Angesichts seines aktualistischen Wort-Gottes-Verständnisses – die Bibel »wird« mir, wunderhaft und senkrecht von oben, Wort Gottes, wann und wo es Gott gefällt – war Barth nun allerdings nicht (wie die alten Bibelkritiker) darauf angewiesen, innerhalb des Kanons Menschlich-Irrtümliches und Göttliches zu sortieren. Jede beliebige – noch so »menschliche« – Stelle kann mir ja zur Anrede Gottes werden! Von daher kann er schreiben: »Wir sind davon dispensiert, das Wort Gottes in der Bibel von anderen Inhalten, also irrtumsfreie Bestandteile und Worte von allerlei irrtümlichen, unfehlbare von fehlbaren zu trennen und uns einzureden, daß wir uns mittels solcher Entdeckungen die Begegnungen mit dem echten Wort Gottes in der Bibel verschaffen könnten. Hat Gott sich der Fehlbarkeit all der menschlichen Worte der Bibel, ihrer geschichtlichen und naturwissenschaftlichen Irrtümer, ihrer theologischen Widersprüche, der Unsicherheit ihrer Überlieferung und vor allem ihres Judentums nicht geschämt, sondern hat sich dieser Worte in ihrer ganzen Fehlbarkeit angenommen und bedient, dann brauchen wir uns dessen auch nicht zu schämen, wenn er sie in ihrer ganzen Fehlbarkeit als Zeugnis auch an uns erneuern will ...«[53]

Diese Anschauung von der Bibel, die grundsätzlich jeder Art von Bibelkritik Tür und Tor öffnet – die Schrift ist ja durchgehend fehlbares Menschenwort, und selbst ihre Irrtümlichkeit macht sie als möglichen Offenbarungsträger nicht untauglich! –, verband sich in Barths persönlicher Auslegungspraxis nun mit einem eher »konservativen« Umgang mit dem Bibelwort (vor allem in seinen späteren Jahren) und war eingebettet in eine sehr stark auf Christus und seine Heilstaten ausgerichtete Theologie und Verkündigung. Dieser Umstand, sowie Barths Engagement in der Bekennenden Kirche zu Beginn des 3. Reiches, machten die Barth'sche Theologie attraktiv für kirchlich »positive« und freikirchliche Kreise. Eine zentrale Christusverkündigung war in jenen Kreisen ohnehin zu Hause. Von daher wirkte sich hier die Barth-Rezeption vor allem so aus, daß die Barth'sche Wort-Gottes-Theologie mit ihrer besonderen Wertung der Menschlichkeit der Schrift für diese »positiven« Kreise die Tür aufstieß zu einem historisch-kritischen Umgang mit der Bibel. In den Niederlanden und den USA öffneten sich reihenweise konservativ-evangelikale Ausbildungsstätten der Bibelkritik und wurden – über Barth hinausgehend – angesichts der »Menschlichkeit« des Bibelwortes offen für Einflüsse der Existenztheologie Bultmanns, der Kerygmatheologie seiner Schüler oder politisch-ökumenischer

[53] ebd., S.590.

Theologien der neueren Zeit. In Deutschland läßt sich diese Wirkung Barths (und Brunners!) vor allem im freikirchlichen Bereich deutlich nachweisen.

Ein drittes Beispiel für Einschränkungen der Autorität und Wahrheit der Bibel durch »positive« Theologen sei hier noch erwähnt. Vor allem im pietistisch-theologischen Bereich wirkt das Werk **Adolf Schlatters** (1852–1938) bis heute segensreich nach. Gegenüber den kritisch-ideologischen und religionsgeschichtlichen (d.h. die Bibel von ihrer heidnischen Umwelt her erklärenden und in diese einebnenden) Theologien seiner Zeit hat Schlatter erneut gelehrt, die Schrift von ihren eigenen Voraussetzungen her auszulegen, geleitet von nichts anderem als von genauer und gehorsamer Beobachtung.[54] Auslegungsrahmen war für ihn dabei immer die gesamtbiblische Offenbarung Alten und Neuen Testaments, eingebettet in die Geschichte Israels und des Frühjudentums, dem Schlatters besondere Aufmerksamkeit galt. Als glaubender Wissenschaftler stand sein Lebenswerk im Dienst der Erkenntnis der Wahrheit – und damit im Dienst der »Förderung christlicher Theologie«.[55]

In seiner Dogmatik hat Schlatter einen lehrreichen Abschnitt über die »Herkunft der Schrift aus dem Geist«, also über die Inspirationslehre.[56] Hier grenzt er sich zu Recht gegen zwei Seiten ab. Einerseits wendet er sich gegen eine geschichtslos-ekstatische Inspirationsauffassung, die den Offenbarungsempfänger als passives und in seiner Persönlichkeit ausgeschaltetes Werkzeug einer höheren Macht sieht, durch das uns göttliche Information zukommt. Solche »vom menschlichen Lebensakt abgeschiedene Inspiration« führt zur »Absonderung der Schrift von der Geschichte, die so für das Wirken des Geistes nicht nur als gleichgültig, sondern als hinderlich erscheint und darum nicht nur ignoriert, sondern bestritten wird«.[57] Andererseits wendet sich Schlatter gegen eine Auffassung von Theologie, die meint, wahre Wissenschaftlichkeit zeige sich darin, daß man den Glauben an die Inspiration der Schrift ganz beiseite läßt und die Bibel rein geschichtlich als eine Sammlung religiöser Urkunden aus vergangener Zeit betrachtet. Demgegenüber stellt er fest, daß »die Annahme eines Gegensatzes zwischen der Geschichte und dem Werk des Geistes ebenso falsch ist, wenn der Geschichte

54 Vgl. seinen Aufsatz »Atheistische Methoden in der Theologie«, in: A.Schlatter, *Zur Theologie des NT und zur Dogmatik* (hrg. von U.Luck, 1969), S.142f.

55 Vgl. den Titel der von Schlatter (u.A.) herausgegebenen Schriftenreihe: »Beiträge zur Förderung christlicher Theologie«.

56 A.Schlatter, *Das christliche Dogma*, Stuttgart, $^{3}$1977, S.364–372.

57 ebd., S.367.

wegen der Geist bestritten, als wenn des Geistes wegen die Geschichte beseitigt wird. Vielmehr sind richtige Pneumatik und richtige Historik unlöslich beieinander«.[58] Und: »Die geistlose und darum gottlose Deutung der Schrift ist nicht Wissenschaft und ihre geschichtslose und darum unmenschliche Deutung ebenfalls nicht.«[59] Demgegenüber hält Schlatter an der Inspiration der Schrift fest, und zwar an einer ganzheitlichen, den Menschen und seine Geschichte voll in Dienst nehmenden Inspiration, die sich – entgegen aller Ächtung der »Verbalinspiration« – bis hin auf die Worte der Boten bezieht.

Auf diesem Hintergrund bringt Schlatter zunächst ausgezeichnete Ausführungen zur »Einheit der Schrift«.[60] Bis ins einzelne hinein findet die Schrift ihre Mitte und Einheit in Christus.[61] Diese Einheit ist für Schlatter erkenntnismäßig von großer Bedeutung: »Einheit ist für die Schrift nötig, damit sie uns als Gottes Wort erkennbar sei und diene . . . Soll uns die Schrift zu unserem Ziel helfen, so darf sie nicht durch Widersprüche ihr eigenes Wort zerstören und in uns den Hader hervorbringen.«[62] Dabei schließt die Einheit der Schrift die Vielfalt nicht aus. Nicht alles in der Bibel liegt auf derselben »Fläche«! Nicht jede Schrift, nicht jedes Wort weist die gleiche Zentralität auf: Die Aufträge sind hier verschieden. Diese Verschiedenheit darf nach Schlatter aber keineswegs so aufgefaßt werden, als lägen unterschiedliche Grade der Inspiration vor: »Die Verschiedenheit fällt . . . nicht in die Beziehung der schaffenden Kausalität Gottes zum Empfänger seines Wortes, sondern entsteht durch die Bemessung seines Dienstes . . . Der Inspirationsvorgang ist ein kreatorisches Geben Gottes, also ein absoluter Akt, von dem sich Abstufungen nicht aussagen lassen. Ob er wenig oder viel gibt: Gott ist der Gebende.«[63]

Den bisher genannten Ausführungen Schlatters können wir uns voll anschließen. Umso bedauerlicher erscheint, daß in seinen fol-

[58] ebd., S.367.
[59] ebd., S.368.
[60] ebd., S.369–372.
[61] ebd., S.370. Auch Schriftstellen, die nicht unmittelbar von Christus reden, haben ihre Bedeutung in der heilsgeschichtlichen Entwicklung auf ihn hin und von ihm her. (Gegen Luther stellt Schlatter, aaO., fest: »Auch Jakobus führt zu ihm mit seiner Buße, die allem religiösen Übermut widerspricht und uns aufrichtig vor Gott beugt.«).
[62] ebd., S.369.
[63] ebd., S.370f. – Ganz ähnliche Differenzierungen finden sich auch in dem heilsgeschichtlichen Ansatz von E.Sauer, *Gott, Menschheit und Ewigkeit*, Wuppertal, [2]1955, S.121.

genden Abschnitten über die »Autorität« und »Unfehlbarkeit« der Schrift[64] die Tür zur Bibelkritik doch wieder aufgestoßen wird. Dabei ist Schlatters Kritikbegriff nicht leicht zu fassen. Er selber schreibt im Rückblick auf seine Tätigkeit: »Um das von der Schrift Erzählte richtig zu sehen, müssen wir auch auf die Grenzen achten, die die Geltung ihrer Aussagen beschränken. Für mich schieden sich deshalb die beiden Betätigungen – der Glaube und die Kritik – nie in einen Gegensatz, so daß ich das eine Mal bibelgläubig, das andere Mal kritisch gedacht hätte, sondern ich dachte deshalb kritisch, weil ich an die Bibel gläubig war, und war deshalb an sie gläubig, weil ich sie kritisch las ... Hätte mich das Urteilsvermögen verlassen, das Wirkliches als wirklich, Poetisches als poetisch, Jüdisches als jüdisch, Griechisches als griechisch faßt, so hätte ich wieder auf den Christus verzichtet und mich von der Geschichte gelöst, die uns Gottes Gnade bereitet hat.«[65] Geht es bei Schlatters »Kritik« nur um jenes letztgenannte notwendige Unterscheidungsvermögen, oder geht es zugleich um ein sachkritisches Ausgrenzen biblischer Aussagen, deren Geltungsbereich für uns aufgehoben wird, wie der Eingangssatz des Zitates vermuten lassen könnte?

Zunächst mag der Leser von Schlatters Dogmatik ersteres vermuten. Denn Schlatter spricht sich gleich zu Beginn seiner Ausführungen für folgende Schrifthaltung aus: »Das richtige Verhalten besteht für uns somit darin, daß wir unser Denken und Wollen für die Schrift öffnen, ihr glauben und gehorchen. Gebrochene Formeln, die der Schrift nur eine halbe Autorität zuschreiben und uns bloß einen halben Glauben und Gehorsam gegen sie zumuten, entsprechen nicht dem vor uns stehenden Tatbestand ...«[66] Er möchte die Autorität der Schrift nur nicht dahin mißverstanden wissen, daß im Namen dieser Autorität eine blinde Unterwerfung unter Bibelaussagen gefordert wird, bevor man diese verstanden oder auch nur zu verstehen gesucht hat.[67] Ihm geht es um echte Verstehensbemühung, um Aneignung des Schriftwortes. Die Frage stellt sich allerdings schon hier: Was soll geschehen, wenn ich ein Bibelwort einmal trotz allen Bemühens nicht verstehen oder einordnen kann? Übe ich dann in

[64] ebd., S.372–375 u. 375–378.

[65] A.Schlatter, *Rückblick auf meine Lebensarbeit*, Stuttgart, $^{2}$1977, S.82f. Er selbst berichtet dort, daß er angesichts seiner Bibelhaltung für die Kritizisten als »kritikloser Biblizist« und für manche Pietisten als »glaubensloser Kritiker« galt (ebd., S.82).

[66] *Das christliche Dogma*, S.372.

[67] ebd., S.372f.

Beugung unter die Autorität der Schrift Zurückhaltung in meinem Urteil, oder setzt an dieser Stelle die Sachkritik ein?

Tatsächlich spricht sich Schlatter nun für eine doppelte Kritik an der Bibel aus, wobei es allerdings gar nicht einmal um jene »unverstandenen« Stellen zu gehen scheint, sondern um eine Kritik aus dem Stand des (besser) Wissenden heraus. »Die Kritik an der Bibel wird ... auf zwei Stufen zu unserem Beruf, als historische und als dogmatische Kritik«, wobei die historische Kritik, indem sie sich den geschichtlichen Ort biblischer Aussagen verdeutlicht, entscheidet, »wie weit ihre Wahrheit reicht und wo sie endet«.[68] Die dogmatische Kritik bezieht sich dann mehr auf die Anwendung des Bibelwortes auf uns; und auch »da muß wieder festgestellt werden, was es (das Bibelwort) im Verhältnis zu der uns selbst gestaltenden Geschichte bedeutet, ... so daß wir uns sowohl verdeutlichen, wann und warum das Schriftwort für uns gilt, als wann und weshalb es nicht für uns gilt.«[69] Bei solcher Bibelkritik komme es vor allem auf das richtige Motiv an: Sie dürfe nicht von einem »falschen Willen« bestimmt sein, nicht »zweckwidrig und schlecht besorgt« werden, nicht »Konjekturen« und »wissenschaftliche Dichtungen« an die Stelle des Geschehenen setzen; doch wenn wir »mit begründetem Glauben und freiem Gehorsam das Schriftwort in uns tragen, ist sie (die Kritik) keine Schmälerung, vielmehr die Anerkennung ihrer Autorität. Dazu ist nur erforderlich, daß der die Kritik leitende Wille darauf ziele, die uns von der Schrift angebotene Gabe in unseren Besitz zu bringen, und nicht darauf, uns von der Schrift zu befreien.«[70] Der subjektivistische, fast romantische Ansatz in Schlatters Argumentation an diesem entscheidenden Punkt setzt uns in Erstaunen. Letztlich heiligt das Motiv die Kritik. Und was von all dem in der Schrift Gesagten nun jene »uns von der Schrift angebotene Gabe« sei, ist der subjektiven Auswahl des Auslegers überlassen.

Zu solchen Aussagen kann Schlatter nur deshalb kommen, weil er die Schrift – trotz seines Glaubens an eine durchgängige Bibelinspiration – keineswegs für unfehlbar hält.[71] Die »Unfehlbarkeit« der Bibel besteht für ihn – ähnlich wie für Brunner – nur darin, »daß sie uns zum Unfehlbaren bringt, zu Gott«.[72] Hier macht sich bei Schlatter eine soteriologische (auf Heilsfragen beschränkte) Engführung

[68] ebd., S.373.
[69] ebd., S.374.
[70] ebd., S.374.
[71] ebd., S.375: »Nicht die Schrift, sondern der die Schrift gebende und durch sie uns berufende Gott ist unfehlbar.«
[72] ebd., S.378 (ähnlich S.376 oben).

hinsichtlich der Autorität und Unfehlbarkeit der Bibel bemerkbar. Allerdings möchte er – hier wieder Barth ähnlicher als Brunner – allen pauschalen Auswahlverfahren der Kritik wehren: Weder die Formel, »unfehlbar sei ihr religiöser Inhalt, nicht aber ihre Aussagen über die natürlichen Verhältnisse« will er übernehmen, noch einfach die alte historisch-kritische These »nicht die Bibel sei Gottes Wort, sondern Gottes Wort sei in der Bibel«.[73] Vielmehr spricht durch die ganze Bibel – durch das »Religiöse« wie durch das damit immer verbundene »Geschichtliche« und »Natürliche«, durch das ganze mit Licht und Dunkel durchsetzte geschichtliche Wort der Zeugen – der sich offenbarende Gott: »Mit allen Dunkelheiten seines historischen Rückblicks und seines prophetischen Vorblicks ist der biblische Erzähler der Diener Gottes ...«[74] Der ganze begrenzte und irrende Mensch wird von Gott als solcher in Dienst genommen. Und so tritt diese Begrenztheit auch dann hervor, wenn der Bote das Bibelwort sagt: »Tut er es nicht als der Wissende, so tut er es als der Träumende. Versagt sein Auge, so tritt die Phantasie ein und füllt notdürftig die Lücke, und auch so leitet er die göttliche Gabe weiter, die in den Geschichtslauf eingetreten war, und macht sie für die Späteren fruchtbar. Daß er nicht nur als der Wissende und Denkende, sondern auch als der Dichtende und Träumende Gott zu dienen hat, ist darin begründet, daß er Mensch ist und wir Menschen den Übergang vom Denken ins Dichten nicht stillstellen können ...«[75] Die Bibel enthält also – nach Schlatter – Wahrheit und Phantasie. Kein Wunder, daß er sich deshalb für praktizierte Bibelkritik ausspricht: »Wir freilich haben nicht mit ihm zu träumen, dann, wenn uns durch das gegebene Wissen erkennbar ist, daß er träumt.«[76]

Angesichts solcher Aussagen fühlt man sich weit entfernt von jenem Bekenntnis Schlatters, das wir weiter oben schon zitiert hatten: »Gebrochene Formeln, die der Schrift nur eine halbe Autorität zuschreiben und uns bloß einen halben Glauben und Gehorsam gegen sie zumuten, entsprechen nicht dem vor uns stehenden Tatbestand ...«[77] Moderne Vorverständnisse werden zum Ausgangspunkt für ein Kritikprogramm, das die Bibel einem weithin subjektivistisch bemessenen Zugriff des Menschen ausliefert, zu Spannungen innerhalb von Schlatters eigenem Bibelverständnis führt und angesichts seines Festhaltens an der vollen Inspiration der Bibel im

[73] ebd., S.376.
[74] ebd., S.377.
[75] ebd., S.377.
[76] ebd., S.377.
[77] ebd., S.372.

Grunde die Inspirationsfrage zu einer Gottesfrage werden läßt; denn wenn dunkle Irrtümer und unhaltbare Phantasien von dem Gott der Wahrheit inspiriert sein sollen, stellt sich die Frage, ob dieser Gott sich selbst preisgegeben haben sollte.

Bibeltreue Schriftauslegung heute kann von Adolf Schlatter viel lernen. Doch wird sie erst dann wirklich »bibeltreu« sein, wenn sie aufhört, den ideologieanfälligen Standpunkt des Besser-Wissenden und der immer wechselnden Vorverständnisse der jeweiligen Moderne als Ausgangspunkt für Sachkritik einzunehmen, statt dessen im gehorsamen und genauen Sehakt auslegt, was die Schrift sagt, und sich ebenso gehorsam unter das beugt, was uns (noch) dunkel und unverständlich erscheint. Für einen solchen Umgang mit der Bibel finden sich durch die ganze Kirchengeschichte hindurch bis in unsere Tage Beispiele, die zeigen, daß die Einschränkung der Bibelwahrheit durch extreme oder gemäßigtere Kritik keineswegs den Monopolanspruch rechtfertigt, mit dem sie in unserem Land immer wieder aufzutreten pflegt.

### 2.2.2 Bekenntnisse zur vollen Autorität und Zuverlässigkeit der Bibel in der Kirchengeschichte

Der Glaube an die uneingeschränkte Zuverlässigkeit der Bibel ist keine Erfindung irgendwelcher moderner »Fundamentalisten«. Schon in der jüdischen Synagoge sah man aufgrund des Wahrheitsanspruches der alttestamentlichen Offenbarung den Zusammenhang von Kanonizität und Irrtumslosigkeit der Schrift. Bücher, die Gott geoffenbart und eingegeben hatte, konnten keine Unwahrheiten und Widersprüche enthalten. So kam einmal eine Diskussion über die Kanonizität des Hesekielbuches auf, weil einige Rabbinen die Opferthora Hesekiels nicht mit den Pentateuchvorschriften übereinbringen konnten. Die Tradition berichtet, Chananja ben Chizkiah habe daraufhin die Problemstellen eingehend studiert, bis er die scheinbaren Abweichungen geklärt hatte.[78] Widersprüche und Kanonizität schlossen sich für die Rabbinen aus.

Auch die **frühe Kirche** hat sich unzweideutig für die völlige Zuverlässigkeit der biblischen Schriften ausgesprochen, obwohl diese Position von der (gnostischen und heidnischen) außerkirchlichen

[78] Berichtet in b.*Schab.*13b. Auch das alttestamentliche Sprüchebuch und das Predigerbuch waren vorübergehend bei einigen Rabbinen in ihrer Kanonizität umstritten, weil man gewisse theologische Spannungen mit anderen Büchern nicht gleich lösen konnte. (Vgl. P.Billerbeck, *Kommentar z.NT aus Talmud und Midrasch* Bd.IV.1, S.426ff).

Polemik (etwa Celsus, Porphyrius, Julian) mit bibelkritischen Argumenten teilweise heftig attackiert wurde.[79] Unseres Wissens hat von den Kirchenvätern allein der 553 n.Chr. als Irrlehrer verurteilte **Theodor von Mopsuestia** mit wirklichen Widersprüchen und Irrtümern in den Evangelien gerechnet.[80] Der im 2. Jahrhundert lebende **Irenäus** – ein Schüler Polykarps, der wiederum Schüler des Apostels Johannes gewesen sein soll – hatte da noch eine andere Haltung: Für ihn ist »die Schrift vollkommen ..., weil sie von Gottes Wort und seinem Geist gesprochen ist« (*Adv.Haer.*II.28.2). Im frühen 5.Jahrhundert zieht der größte der Kirchenväter, **Augustin,** aus der Schriftinspiration die Folgerung, daß die biblischen Schriften »in sich übereinstimmen, so daß sie in nichts voneinander abweichen« *(concordes inter se adque in nullo dissentientes; DCD XVIII,*41) und: »Die Heilige Schrift kann nicht irren bzw. trügen« (*sancta scriptura fallere non potest; Ad Cresc.* 1,39). An anderer Stelle schreibt Augustin: »Nur jene Bücher der Schrift, die kanonisch genannt werden, lernte ich so zu achten und zu ehren, daß ich ganz gewiß glaube, daß kein Autor in diesen Büchern irgendeinen Fehler beim Schreiben machte ... Andere Autoren (dagegen) lese ich nicht mit dem Gedanken, das, was sie lehrten oder schrieben sei wahr, nur weil sie Heiligkeit und Bildung aufweisen« (*Epist.*82,1.3). Der große scholastische Theologe **Thomas von Aquin** war der Überzeugung: »Es ist häretisch zu sagen, daß irgendwelche Unwahrheit in den Evangelien oder in irgendeiner kanonischen Schrift enthalten sei« (*Iob.*13,1).

Der Reformator **Calvin** kommt in Auseinandersetzung mit dem römisch-katholischen Anspruch, auf Grund der Tradition verbindliche Dogmen aufstellen zu können, zu klaren Aussagen über die Inspiration, Autorität und Gültigkeit des biblischen Wortes und nur des biblischen Wortes: »Allerdings besteht ... zwischen den Aposteln und ihren Nachfolgern der Unterschied, daß jene sichere und beglaubigte Schreiber *(certi et authentici amanuenses)* des Heiligen Geistes waren und ihre Schriften deshalb als Offenbarungsworte Gottes zu gelten haben, diese dagegen keine andere Aufgabe haben als zu lehren, was in der Heiligen Schrift überliefert und versiegelt

[79] Vgl. das lehrreiche (allerdings von einem historisch-kritischen Bekenntnisstand her wertende) Buch von H.Merkel, *Die Widersprüche zwischen den Evangelien. Ihre polemische und apologetische Behandlung in der Alten Kirche bis zu Augustin,* Tübingen, 1971.

[80] Vgl.H.Merkel, aaO., S.188: »Theodor ist der erste altkirchliche Exeget, der Widersprüche zwischen den Evangelien für möglich hält ... Der Grund liegt wohl darin, daß er die Evangelien einfach als Berichte ansieht, ohne sie durch die formale Autorität des hl. Geistes zu stützen.«

ist . . . Hier kann auch niemand zweifeln, der recht erkannt hat, was Glaube ist; denn dieser muß sich doch auf einen so festen Grund stützen, daß er dadurch gegen den Satan und alle Listen der Hölle und gegen die ganze Welt unüberwindlich und unerschrocken standhält. Diesen festen Grund aber werden wir einzig und allein in Gottes Wort finden. Zudem besteht noch eine allgemeine Ursache, auf die man hier achten muß: wenn Gott dem Menschen die Fähigkeit nimmt, (heute; d.Verf.) ein neues Dogma vorzubringen, so geschieht das dazu, daß er allein in der geistlichen Unterweisung unser Meister sei, wie ja er allein auch der Wahrhaftige ist, der nicht lügen noch trügen kann« (*Inst.*IV,Kap.8.9). Calvins Glaube an die unerschütterliche Wahrheit der Bibel wird hier – gerade durch die Gegenüberstellung zu fehlbarem Menschenwort – sehr deutlich.[81] Für diese Glaubwürdigkeit der Bibel ist Calvin zu argumentieren bereit (*Inst.*I,Kap.8). Doch weiß er, daß die Anerkennung der göttlichen Autorität der Schrift letztlich ein geistliches Problem ist: »Dennoch ist es Torheit, wenn man meint, der Schrift auf dem Wege des Disputierens ihre Glaubwürdigkeit sichern zu können . . . (Das) Zeugnis des Heiligen Geistes ist besser als alle Beweise. Denn wie Gott selbst in seinem Wort der einzige vollgültige Zeuge von sich selber ist, so wird auch dies Wort nicht eher im Menschenherzen Glauben finden, als bis es vom inneren Zeugnis des Heiligen Geistes versiegelt worden ist« (*Inst.*I,Kap.7.4). Umgekehrt erfährt nur der die volle Wirkung des Geistes, der sich gehorsam dem Worte Gottes beugt: »Der Heilige Geist ist mit seiner Wahrheit, die er in der Schrift kundgemacht hat, derart verbunden, daß er erst dann seine Kraft äußert und erweist, wenn man sein Wort mit gebührender Ehrfurcht und Achtung vor seiner Würde aufnimmt« (*Inst.*I, Kap.9.3). Hier spricht nicht eine »tote Orthodoxie«, sondern ein lebendiger Glaube, der um die Wechselwirkung von lebendiger Gotteserfahrung und gehorsamer Schrifthaltung weiß. In unserer Zeit, die geprägt ist von kritischer Bibelhaltung und geistlichem Rückgang (bzw. allenfalls dem Aufblühen politischer, ideologischer oder psychologischer Glaubenssurrogate), könnten Calvins Worte ein Weckruf sein!

Während sich bei Calvin und in den reformierten Bekenntnisschriften[82] thematische Ausführungen zur Heiligen Schrift finden,

[81] Zu Calvins Bibelhaltung vgl. auch J.Gerstner, »The View of the Bible held by the Church: Calvin and the Westminster Divines«, in: N.L.Geisler (Hrg.), *Inerrancy*, Grand Rapids, 1980, S.385–410.

[82] Etwa das *Bekenntnis von La Rochelle* (1559), Art.V, oder die *Westminster Confession* (1667), Art.V+VIII.

weisen **Luther** und die lutherischen Bekenntnisschriften keine Thematisierung der Schriftlehre auf. Bei Luther finden sich lediglich verstreute Gelegenheitsäußerungen zur Sache. Vielleicht ist dies eine Schwäche des Luthertums, die mitverantwortlich ist für den verhältnismäßig stärkeren Einbruch der historischen Kritik in lutherischen Kirchengebieten als in den eher reformiert geprägten angelsächsischen und holländischen Sprachräumen, wo erst unter Karl Barths Einfluß der Liberalismus stärker vordrang. Kennzeichnend für Luthers Umgang mit der Bibel sind vor allem seine hermeneutischen Prinzipien: a) die Unterscheidung von Gesetz und Evangelium in allen Teilen der Bibel; b) die Betonung Christi – und dessen, »was Christum treibet« – als Mitte der Schrift; c) das Beharren auf dem Literalprinzip (d.h. der Normativität der »wörtlichen« Textbedeutung) bei der Auslegung; und d) sein Einstehen für die »Klarheit der Schrift« als Offenbarungswort, das jedem – nicht nur den Fachleuten – zugänglich ist. Diese Auslegungsprinzipien verbinden sich bei Luther mit einer selbstverständlichen Fortführung der bisherigen gesamtkirchlichen Lehrüberzeugungen von der Inspiration und ungeschmälerten Autorität der Bibel – wobei dieses Miteinander allerdings nicht immer ganz spannungsfrei verläuft.

Luther ist überzeugt: Das biblische Gotteswort »ist ein rein gewiß Wort, das nicht trüget noch fehlet, wie Menschenworte tun« (*W.A.*48,92). Dieses Gotteswort tritt uns in der Bibel entgegen. »Wo ist Gottes Wort in allen Büchern außer der Heiligen Schrift? . . . Trösten mag kein Buch denn die Heilige Schrift, . . . denn sie fasset Gottes Wort!« (*W.A.*10,II.75). Auf der anderen Seite gilt: »Wenn sie glaubten, daß es Gottes Worte wären, würden sie es nicht elende, arme Worte lügen, sondern auch einen Tittel aus Buchstaben größerachten denn die ganze Welt und davor zittern und fürchten als vor Gott selbst. Denn wer ein einzelnes Wort Gottes verachtet, der achtet auch freilich keines nicht groß« (*W.A.*26,450.4). Und so kann er fordern, man müsse glauben, kein Jota und kein Tüttelchen der Schrift sei umsonst geschrieben (*W.A.*5,184.3).

Luther ist überzeugt: »Es ist unmöglich, daß die Schrift sich widerspricht; so erscheint es nur den gedankenlosen und widerspenstigen Heuchlern« (*W.A.*9,356; vgl.15,1481; 40,1.420). Oder er schreibt: »Aber weil jedermann wohl weiß, daß sie (die Kirchenväter; d.Verf.) zuweilen geirrt haben als Menschen, will ich ihnen nicht weiter Glauben geben, denn sofern sie mir ihr Verständnis aus der Schrift beweisen, die noch nicht geirret hat« (*W.A.*7,315; vgl.15,1481). Und auf Augustin (wohl auf dessen *Epist.*82,1.3). bezieht er sich zustimmend im gleichen Zusammenhang: »Desselben gleichen schreibt

St.Augustin an St.Hieronymus: ›Ich hab erlernt, allein den Büchern, die die Heilige Schrift heißen, die Ehre zu tun, daß ich festiglich glaube, keiner derselben Schreiber habe je geirrt; alle andern aber lese ich dermaßen, daß ich's nicht für wahr hab, was sie sagen, sie beweisen mir's denn mit der Heiligen Schrift oder öffentlicher Vernunft‹« (*W.A.*7,315). Umgekehrt hat Luther auch die Konsequenzen der Skepsis gegenüber irgendeinem Wort Gottes deutlich gesehen und herausgestellt: »Denn gewiß ist's, wer einen Artikel nicht recht glaubt oder nicht will (nachdem er vermahnt und unterrichtet ist), der glaubt gewißlich keinen mit Ernst und rechtem Glauben. Und wer so kühn ist, daß er wagt, Gott leugnen oder Lügen strafen in einem Wort, und tut solches mutwillig wider und gegen die Tatsache, daß er einmal oder zweimal vermahnt oder unterwiesen ist, der wagt auch (tut's auch gewiß) Gott in allen seinen Worten leugnen und Lügen strafen. Darum heißt's rund und rein, ganz und alles geglaubt, oder nichts geglaubt. Der Heilige Geist läßt sich nicht trennen noch teilen, daß er ein Stück sollte wahrhaftig, und das andere falsch lehren oder glauben lassen« (*W.A.*54,158; vgl. 56,249; 32,59; 50,269). Für sich selbst zieht Luther die Folgerung: »So sehr soll man am Wort hängen, daß ich, selbst wenn ich alle Engel sähe und hörte sie mich eines anderen bereden, mich dadurch nicht nur nicht bewegen lassen sollte, irgendeinem Wort der Schrift nicht zu glauben, ja sogar meine Augen und Ohren zutun müßte, weil ich sie keines Blicks noch Gehörs würdigen dürfte« (*Tischreden,* 2,288.11; Nr.1987).

Hat Luther also an der uneingeschränkten Autorität und Wahrheit, ja, Irrtumslosigkeit der Bibel festgehalten? Grundsätzlich ja – so können wir nach allen bislang zur Kenntnis genommenen Luthertexten sagen.[83] Auf keinen Fall ist Luther – wie man aus Berufungen moderner Bibelkritiker (wie Ebeling, Käsemann, u.a.) auf

[83] Dafür, daß Luther die uneingeschränkte Wahrheit, Unfehlbarkeit und Irrtumslosigkeit der Schrift vertreten habe, argumentieren u.a. die Lutheraner J.W.Montgomery, »Lessons from Luther on the Inerrancy of Holy Writ«, in: ders., *God's Innerrant Word,* Minneapolis, 1974, S.63–94; R.D.Preus, »The View of the Bible held by the Church: The Early Church through Luther«, in: N.L.Geisler (Hrg), *Inerrancy,* S.357–382. Vgl. W.Walther, *Das Erbe der Reformation,* Leipzig, 1918; W.Bodamer, »Luthers Stellung zur Lehre von der Verbalinspiration«, *Theol.Quartalschrift* (1936), S.240ff; P.Schempp, »Luthers Stellung zur Heiligen Schrift«, in: ders., *Theologische Entwürfe,* München,1973 ($^1$1929), S.14ff; W.M.Oesch, »Luther zur Inspiration der Heiligen Schrift«, *Lutherischer Rundblick* (12 (1964), S. 58–79, u. 13 (1965), S. 2–15. Wichtig ist auch E.F.A.Klug, *From Luther to Chemnitz. On Scripture and the Word* (Diss. FU Amsterdam), Kampen 1971.

den Reformator schließen könnte – als Kronzeuge für irgendeine vernunftgläubige Bibelkritik zu vereinnahmen. Was er der Vernunft zutraut, hat er einmal sehr deutlich formuliert: »Weiter lehrt er (Karlstadt; d.Verf.) uns, was Frau Hulde, die natürliche Vernunft, zu diesen Sachen sagt, gerade als wüßten wir nicht, daß die Vernunft des Teufels Hure ist und nichts kann als lästern und schänden alles, was Gott redet und tut« (*W.A.*18,164). Oder er schreibt in seiner Genesis-Vorlesung (1535–1545): »Wie könnten wir Unbesonneneres und Vermesseneres tun, denn daß wir uns unterstehen, Gott und sein Wort zu richten, die wir von ihm sollten gerichtet werden? Darum soll man darauf schlicht stehen und beharren, daß, wenn wir hören, daß Gott etwas sagt, wir es glauben, und nicht darüber disputieren, sondern vielmehr unsere Vernunft gefangen nehmen unter den Gehorsam Christi . . .«[84] In aller Schärfe kann er formulieren: »Der Glaube sagt so: Ich glaube dem Gott, der da spricht. Was spricht er? Unmögliches, Verlogenes, Unsinniges, Unhaltbares, Verächtliches, Ketzerisches, Teuflisches – wenn du die Vernunft befragst!« (*W.A.*40 I, 361.1). Und ebenda (362,15): »Der Glaube opfert die Vernunft und tötet diese Bestie . . ., diese schärfste und heilloseste Feindin Gottes.«

Von hieraus gesehen ist die Schlußfolgerung des folgenden Kommentars zu Luthers Schrifthaltung als eine von theologischen Denkkategorien neuerer Zeit ausgehende Verzeichnung der Position des Reformators anzusehen, zumal im Zuge der Argumentation Luthers Kanonkritik mit seiner grundsätzlichen Bibelhaltung vermischt wird: »Ist Jesus Christus die Mitte der Schrift, so muß die Bibel auf ihn hin gelesen und daran gemessen werden, ob und inwieweit sie auf ihn hinweist. Diese Einsicht kann bei dem großen Reformator zu recht massiver Kritik an einigen biblischen Aussagen füh-

[84] Walch² 1,193 (= lat. W.A. 42,118), zu 1Mo 3,4-5. – Zwei Beispiele können diese Unterwerfung der Vernunft unter die Schrift illustrieren. Hinsichtlich der alttestamentlichen Erzählung von Elisas Fluch, auf den hin eine Knabenschar von Bären zerrissen wurde, kommentiert er, daß dies »gewiß völlig absurd lautete, läse man es in irgendeiner Legende und würde es nicht durch eine solche Autorität wie die der Schrift gedeckt« (*W.A.*4,639.24). Und vom unbegreiflichen Geheimnis der Dreieinigkeit schreibt er: »Nun es aber vom Himmel herabschallet, so will ich's glauben, was er mir sagt, daß zwei, ja alle drei Personen nur ein rechter Gott, nicht zween oder drei Götter sind. Das will ich ihm zu Ehren und zu Dienst tun, dem ich schuldig bin zu glauben, und mich so urteilen zu lassen, daß ich ein Narr sei, der nicht könne drei zählen, wie wohl ich doch gottlob kann drei zählen hinieden auf Erden . . . Dahin führt uns nun die Schrift und dieser Artikel« (*W.A.*37.40.1).

ren. Daß Luther andererseits energisch jedes Richten über das Wort Gottes verurteilt und eine demütige, sich unter das Wort Gottes stellende Haltung des Auslegers verlangt, stellt für ihn keinen Widerspruch zu seiner ›Bibelkritik‹ dar. *Denn die Autorität der Bibel ist für ihn kein formales, an sich gültiges, totes Prinzip: Sie besteht gerade darin, daß in ihr das freimachende Zeugnis des Evangeliums zu finden ist.*«[85] Diese Aussagen rücken Luther zu Unrecht etwa an die Seite Emil Brunners – während der Reformator doch die kanonischen Schriften grundsätzlich als inspiriert und unumstößlich wahr ansah. Gegenüber der neuzeitlichen Lutherinterpretation müßte Luthers Selbstzeugnis zu seinem Glauben an die uneingeschränkte Wahrheit des kanonischen Wortes neu vernommen und ernstgenommen werden. Denn in diesen Aussagen erklärt der Reformator seine Grundüberzeugung, die selbst dann zur Kenntnis genommen werden sollte, wenn sich herausstellen würde, daß er in der Praxis seine eigenen Grundsätze nicht befriedigend durchgehalten hätte.[86]

### *Exkurs:* Kritische Äußerungen Luthers zur Schrift

Tatsächlich scheint für den Betrachter zweierlei in einer gewissen Spannung zu Luthers erklärter Bibelhaltung zu stehen: zum einen sein Umgang mit einigen biblischen Problemstellen und zum andern seine bekannten kanonkritischen Äußerungen. Wie wir bereits sahen, ist Luther davon überzeugt, daß die Schrift sich nicht selbst widerspricht (*W.A.* 9,356; u.ö.) und auch nicht irrt (*W.A.* 7,315; u.ö.). Daß für uns allerdings angesichts unserer Begrenztheit manche dunklen Stellen in der Schrift bleiben, obwohl Christus als die Hauptsache der Schrift darin völlig offenbar ist und von hier aus Licht auf alles andere fällt, gesteht Luther in seiner Schrift *Vom unfreien Willen* (1525) ausdrücklich zu: »Das ist natürlich richtig, daß es in der Bibel viele dunkle und unverständliche Stellen gibt, aber nicht weil die Din-

85 H.Hempelmann, *Grundfragen der Schriftauslegung,* Wuppertal, 1983, S.12 (Hervorhebung d.Verf.). Nach Luther weist aber doch die ganze *kanonische* Schrift – Gesetz wie Evangelium! – als Gottes Offenbarungswort auf Christus hin und trägt einen unantastbaren Wahrheitscharakter! Anders steht es mit seiner – noch zu behandelnden – Kanonkritik, die sich auf Schriften bezieht, die er nicht als voll kanonisch anerkennen zu können glaubte. – Mit obiger Lutherinterpretation, die im 19. Jhd. schon Julius Köstlin aufbrachte, setzt sich J.W.Montgomery, aaO., S.66–84 näher auseinander.

86 Luther selbst schreibt ja einmal von sich: »Ich bin selbst auch ein Doktor und habe die Schrift gelesen, doch widerfährt es mir wohl täglich, wenn ich nicht recht in meiner Rüstung stehe und damit geharnischt bin, daß mir solche Gedanken einfallen, daß ich sollte Christus und das Evangelium verlieren, und muß mich doch immerdar an die Schrift halten, daß ich bestehen bleibe. Wie will denn ein Mensch tun, der gar ohne Schrift und nach lauter Vernunft fährt?«(*W.A.*36,501).

ge zu hoch wären, sondern weil wir die Worte und die Grammatik nicht kennen, was indessen keineswegs hindert, alles in der Schrift wohl zu verstehen. Denn was könnte in der Schrift noch verborgen bleiben, nachdem die Siegel erbrochen, der Stein von des Grabes Tor gewälzt und das höchste Geheimnis verkündet ist ...?«[87] Scheinbare Widersprüche in der Schrift läßt uns Gott zur Übung im genauen Lesen und in der Demut dienen: »Gott setzt darum solche Sprüche oft wider einander, daß er uns übe im Lesen, und daß wir nicht meinen, wir haben die ganze Schrift, wenn wir kaum einen Spruch haben« (*W.A.* 10,3; 226.24; vgl. 8,239.16). Wie Klug in seiner Dissertation gezeigt hat, nimmt Luther die scheinbaren Widersprüche der Schrift in der Regel auch keineswegs leicht, sondern sucht dafür Lösungen zu finden – sei es durch historische Harmonisierungsvorschläge, sei es durch Beachten des jeweiligen Textskopus, der bei zwei schwer zu harmonisierenden Texten im einen Fall vielleicht auf die historische Angabe, im anderen Fall auf eine bestimmte theologische Aussage zielen mag.[88] Kann Luther keine Lösung finden, läßt er das Problem auch stehen, ohne daß es seine grundsätzliche Einstellung zur Schrift ändert.

Umgekehrt kann er aber bei einigen Problemstellen auch recht salopp über die Problematik hinweggehen – etwa in seiner Erklärung zu Joh.18,12ff (im Vergleich mit den synoptischen Evangelien): »Johannes allein macht hier Verwirrung, daß er sagt, Jesus sei aufs erste geführet zu Hannas, bald hernach habe Petrus den Herrn einmal verleugnet, danach habe Hannas Jesum gebunden gesandt zu Kaiphas; aber man fährt darum weder gen Himmel noch zur Hölle, ob man schon dafür hält, daß alle drei Verleugnungen in Kaiphas Haus geschehen sind« (*W.A.*28,269). Er kann diesen Gedanken in seinem Galaterkommentar von 1535 (zu Gal.1,11.12) verallgemeinernd auch so fassen: »Die geschichtlichen Angaben der Schrift sind oft kurz und konfus, so daß man sie nicht leicht miteinander vereinbaren kann, wie die Verleugnungen des Petrus und die Passionsgeschichte Christi (etc.) ... Aber deswegen mühe ich mich nicht noch bekümmere mich viel um deren Übereinstimmung, sondern darauf nur bin ich hier bedacht, was die Absicht des Paulus ist und worauf er hinaus will« (*W.A.*40, I,126). Und sehr ungeschützt kann er in fehlgeleiteter Anwendung eines bi-

[87] Zitiert nach Walch² 18,1681. – Eine ähnliche Aussage, die bei dunklen Stellen das Problem beim Ausleger, nicht in der Schrift, sieht, findet sich in Luthers Einleitung zur Habakuk-Auslegung (*W.A.*19,350).

[88] Vgl. E.F.A.Klug, aaO., S.109f, wo er besonders auf Luthers Behandlung der Spannungen zwischen Apg.7 und 1.Mo.12 (*W.A.*42,425f+331+460) eingeht. – Daß Luther etwa in seinen »Vorreden« zu Jesaja, Jeremia oder auch Hosea herausarbeitet, daß die Stoffanordnung in diesen Büchern durchaus nicht immer streng thematisch oder streng chronologisch ist, und daß die jeweilige Anordnung evtl. mit den Entstehungsverhältnissen des Buches zu tun haben könnte, sollte in diesem Zusammenhang kein Problem darstellen. Die Wahrheit und göttliche Autorität dieser Bücher war bei Luther durch diese – keineswegs sachkritischen – Beobachtungen durchaus nicht in Frage gestellt.

blischen Bildwortes schreiben: »Ob aber denselben guten treuen Lehrern (den Propheten; d.Verf.) und Forschern der Schrift zuweilen auch mit unterfiel Heu, Stroh, Holz, und nit eitel Silber, Gold und Edelgestein bauten, so bleibt doch der Grund da; das andere verzehrt das Feuer des Tages« (*W.A.*53; 3,38). So kommt es bei Luther von seiner hermeneutischen Sondergewichtung des biblischen Christuszeugnisses her gelegentlich zu riskanten Äußerungen hinsichtlich scheinbar weniger wichtiger Bibelaussagen, die meines Ermessens nicht mehr zu vereinbaren sind mit seiner grundsätzlichen Schrifthaltung.[89] So sein bekannter Satz aus der Kirchenpostille: »Denn auch alle Propheten des Alten Testaments damit den Namen haben allermeist, daß sie Propheten heißen, daß sie von Christo geweissagt haben . . ., vielmehr denn darum, daß sie zuweilen von den Königen und weltlichen Läuften etwas verkündigten; welches sie auch selbst übten und oft auch fehlten. Aber jenes übten sie täglich und fehlten nicht, denn der Glaube fehlt nicht, dem ihr Weissagen ähnlich war« (*W.A.*17 II,39.29ff).[90] Man muß gewiß in Rechnung stellen, daß der Reformator ungeschützt und radikal klingende Ausdrucksweisen liebte.[91] Trotzdem würde man wünschen, er hätte sich an diesen Stellen seines eigenen Urteils aus der Genesis-Vorlesung – das wir oben (S. 49ff) bereits zitierten – erinnert: »Wie könnten wir Unbesonneneres und Vermesseneres tun, denn daß wir uns unterstehen, Gott und sein Wort zu richten, die wir von ihm sollten gerichtet werden? Darum soll man darauf schlicht stehen und beharren, daß,

[89] Diese Spannung wird auch in W.G.Kümmels forschungsgeschichtlicher Lutherbehandlung deutlich. Einerseits freut sich Kümmel, daß es bei Luther »mit einer bis dahin unbekannten Schärfe des Unterscheidungsvermögens zu einer theologischen Sachkritik« gekommen sei – andererseits muß er aber diesbezüglich feststellen: »Gerade das aber stand in deutlicher Spannung zu der reformatorischen Voraussetzung, daß die Schrift . . . allein und eindeutig die Offenbarung vermittle«; W.G.Kümmel, *Das Neue Testament. Geschichte der Erforschung seiner Probleme*, Freiburg, $^{2}$1970, S.16f+21.

[90] Vgl. ebenfalls das kritische Urteil über die Chronikbücher: »Den Büchern der Könige ist mehr zu gläuben denn der Chroniken« (Walch$^{2}$ 22,1414). – Man könnte fragen, ob man Luther angesichts dieser Art Wan Äußerungen nicht besser in Abschnitt 2.2.1 behandelt hätte, wo es um »Positionen einer eingeschränkten Autorität und Zuverlässigkeit der Bibel« ging. Sieht man die Summe seiner Aussagen, wäre dies u.U. zu bejahen. Sieht man dagegen seine Grundbekenntnisse zur Schrift, stellen sachkritische Gelegenheitsäußerungen bei ihm eher Entgleisungen von seiner Grundposition dar. Temperament und Christomonismus werden ihm zum Problem.

[91] Vgl. etwa seine radikalen Thesen, wenn es um »Gesetz und Evangelium« geht: »Wenn einer in tentatione (in der Anfechtung) oder apud tentatos (bei Angefochtenen) ist, so schlage er nur Mosen tot und werfe alle Steine auf ihn. Wenn er aber wieder gesund wird, so soll man ihm das Gesetz predigen, denn zur Angst soll man nicht noch Angst hinzufügen« (*Tischreden* 2,75.25 / Nr.1371). – Umgekehrt: »Wenn Christus kommt und redet mit dir (dem Reumütigen) wie Moses: Was hast du getan? – so schlage ihn zu Tod. Wenn er aber wie Gott und als dein Heiland mit dir redet, so recke beide Ohren« (*W.A.*2,583.16 / Nr.2655a).

wenn wir hören, daß Gott etwas sagt, wir es glauben und nicht darüber disputieren, sondern vielmehr unsere Vernunft gefangen nehmen unter den Gehorsam Christi.« Eine theologische Tugend sind jene beiläufig geäußerten, im Grunde sachkritischen Wertungen scheinbar weniger zentraler Schriftstellen jedenfalls nicht gewesen – wenn sie in der modernen Lutherrezeption auch viel Beifall gefunden haben. Sie sind eine Hypothek, die sich für die Entwicklung der Schrifttheologie in Deutschland eher belastend ausgewirkt hat. Mit konsequenter Bibeltreue sind solche Formulierungen meines Ermessens nicht zu vereinbaren.

Ein Problem anderer Art sind die kanonkritischen Äußerungen Luthers. Vier Bücher des Neuen Testaments hat er als deuterokanonisch behandelt und unnumeriert ans Ende seiner deutschen Übersetzung des Neuen Testaments gestellt, nämlich den Hebräerbrief, den Jakobus- und den Judasbrief, sowie die Johannesoffenbarung. Ein untergeordneter Gesichtspunkt für diese Behandlung war dabei, daß diese Schriften in den Kanondiskussionen der Alten Kirche teilweise zu den »Antilegomena«, den umstrittenen Büchern, gehört hatten.[92] Hauptmotiv für Luthers Kanonkritik war jedoch seine subjektive inhaltliche Bewertung jener vier Schriften. Ausgehend von seiner großen Entdeckung der Christozentrizität der Schrift und speziell der paulinischen Rechtfertigungslehre, glaubte er einen Maßstab gefunden zu haben, an dem er alle biblischen Schriften messen konnte. Im Fall des Jakobusbriefes wird das am deutlichsten. Nach seiner *Vorrede zum Neuen Testament* von 1522 ist »der Jakobusbrief eine recht stroherne Epistel ..., da er doch keine evangelische Art an sich hat.«[93] In seiner *Vorrede zum Jakobusbrief* selbst nennt Luther dann im einzelnen seine Gründe, warum er diesem Brief nicht volle kanonische Geltung zuerkennen will: »Aufs erste, daß er stracks wider Paulus und alle andere Schrift den Werken die Rechtfertigung zuschreibt ... Aufs zweite, daß er Christenleute lehren will und gedenkt nicht einmal in solcher langen Lehre des Leidens, der Auferstehung, des Geists Christi ... Das ist auch der rechte Prüfstein, alle Bücher zu tadeln, wenn man sieht, ob sie Christum treiben oder nicht ... Was Christum nicht lehret, das ist nicht apostolisch, wenns gleich Petrus oder Paulus lehret; umgekehrt, was Christum predigt, das ist apostolisch, wenns gleich Judas, Hannas, Pilatus und Herodes täte ... In Summa: er hat denen wehren wollen, die sich auf den Glauben ohne Werke verließen und ist für diese Sache an Geist, Verstand und Worten zu schwach gewesen. Er zerreißt die Schrift und widersteht damit Paulus und aller Schrift, wills mit Gesetz Treiben ausrichten, was die Apostel mit Anreizen zur Liebe ausrichten. Darum will ich ihn nicht in meiner Bibel in der Zahl der rechten Hauptbücher haben, will aber damit niemand wehren, daß er ihn stelle und hoch-

[92] Vgl. *W.A.* Bibel VII.345: »Bisher haben wir die rechten gewissen Hauptbücher des Neuen Testaments gehabt. Diese vier nachfolgenden (= Hebr., Jak., Jud., Offb.) aber haben vorzeiten ein ander Ansehen gehabt.«

[93] *W.A.* Bibel VI.1.

halte, wie es ihn gelüste, denn es sind sonst viel guter Sprüche darinnen.«[94] Nach 1522 hat Luther die Bemerkungen seiner *Vorreden* noch spürbar gemäßigt – besonders hinsichtlich der Johannesoffenbarung, die er nur in den Jahren 1521–1530 kritisch betrachtet hat[95] –, doch hat er seine kanonkritische Einstellung gegenüber den übrigen der genannten Schriften nie grundsätzlich aufgegeben.

Im Grunde finden wir bei Luther eine ähnliche Haltung, wie wir sie schon bei den Rabbinen der jüdischen Synagoge kennenlernten: Was sich inhaltlich nicht vereinbaren läßt, kann nicht gleichermaßen zum Kanon gehören! Die Überzeugung von der notwendigen Widerspruchslosigkeit eines göttlichen Kanons steht hinter dieser Haltung. Das Problem bei Luther – wie auch bei den Rabbinen – war nur, daß rein subjektiv festgestellt wurde, was theologisch nun harmoniere und was nicht, und daß diese subjektiven Kriterien bzw. ein »Kanon« im Kanon zum Maßstab für Kanonizität gemacht wurden. Schon Luthers Gefährte der frühen Jahre, Bodenstein von Karlstadt, hat die subjektive Kanonbestimmung des Reformators kritisiert: Nicht inhaltlich-lehrmäßige Erwägungen, sondern die Kriterien der ursprünglichen Apostolizität und des allgemeinen frühen Konsenses in der Annahme der Schrift müßten über die Kanonizität eines neutestamentlichen Buches entscheiden.[96] Unter den Nachfolgern des Reformators hat sich entsprechend auch Luthers Kanonsicht nicht durchsetzen können.[97] Als Argument gegen Luthers Bekenntnis zur Autorität der Schrift wird man diese (unglückliche!) Behandlung der Kanonfrage jedoch nicht heran-

[94] W.A. Bibel VII.384ff – Aufschlußreich sind übrigens die handschriftlichen Randbemerkungen in Luthers Bibel zum Jakobusbrief. P.Schempp, aaO., S.60, schreibt dazu: »Einige Randbemerkungen Luthers zu diesem Brief zeigen die Kühnheit seiner Kritik: zu 2,24, dem Satz, der ihm am meisten anstößig war, schreibt er auf den Rand: das ist falsch; zu 2,21: wo stehet das geschrieben?; zu 2,12: ei, welch ein Chaos! und zu 3,1: ›es unterwinde sich nicht jedermann Lehrer zu sein‹ sogar: utinam nec tu (wenn doch du nicht)!«. Noch weiter geht eine Bemerkung, die ihm in den »Tischreden« zugeschrieben wird: »Ich werde einmal mit dem Jeckel den Ofen heizen!« (*Tischreden* 5,382 / Nr.5854).

[95] S. dazu H.U. Hofmann, *Luther und die Johannes-Apokalypse*, Tübingen, 1982, S.251–361.

[96] Karlstadt, *De canonicis Scripturis libellus*, Wittenberg, 1520, §50. – J.W.Montgomery, aaO., S.83, schreibt über das christologische- bzw. Rechtfertigungs-Kriterium Luthers: »it is unfortunate that he misused it as a canonical criterion. One must first establish the Canon and then set forth all that the canoncial books teach: canonicity before doctrine. If one reverses the procedure, personal doctrinal emphasis, however commendatory, may turn into weapons by which genuine Scripture is rejected or downplayed unnecessarily. Had Luther begun with a purely historical view of the Canon, he would have been forced to discover the entire compatibility between James and Paul; his misleading criterion of canonicity opened the floodgates to subjectivity ...«

[97] Allerdings nennen noch die Magdeburger Centurien (I,2.4) von 1559ff sieben deuterokanonische Bücher als »in medio« stehend: weder voll kanonisch, noch – wie die Apokryphen – abgelehnt.

ziehen dürfen. Diese Kritik galt ja Büchern, die er meinte, nicht als voll kanonisch anerkennen zu können. Der rechte Kanon dagegen galt ihm als grundsätzlich widerspruchslos, autoritativ und inspiriert – bei allen Schwächen in der Durchführung dieser Grundsicht, die Luthers praktische Bibelhaltung zum Problem werden lassen.

Die **lutherische Orthodoxie** führte – unter Revision der Kanon-Ansichten Luthers – dessen bibeltreue Grundanschauung nun aber konsequent weiter. So schreibt der im 17.Jahrhundert lebende Theologe **J.A.Quenstedt:** »Jedes einzelne Wort, das uns in der Schrift überliefert ist, ist völlig wahr, ob es sich auf die Lehre, Ethik, Geschichte, Chronologie, Topographie oder Onomastik bezieht; und den Schreibern des Heiligen Geistes ist für die Abfassung der Heiligen Schrift keine Unkenntnis, kein Mangel an Erkenntnis, Vergeßlichkeit oder Gedächtnisausfall zuzuschreiben« (*Theologia* I.4.2.q.5). Und der Lutheraner **A.Calov** († 1686) schreibt: »Die Autoren der Heiligen Urkunden schrieben nicht auf Grund menschlichen Willens, sondern vom Heiligen Geist getrieben (2.Pt.1,21). Und sie waren so die Hand oder der Griffel des Heiligen Geistes, der nicht täuschen oder getäuscht werden kann, noch irren oder in der Erinnerung unzuverlässig sein kann« (*Syst.Loc.Theol.*I.4,551). Und: »Weil die Heilige Schrift nicht nur in den Dingen, die direkt den Glauben betreffen, sondern insgesamt und im Einzelnen, was in ihr enthalten ist, göttlich eingegeben und unter göttlicher Leitung unfehlbar niedergeschrieben wurde, deshalb kann nichts, was in ihr ist, fehlerhaft sein« (*Syst.Loc.Theol.*I.4,607.q.10).

Die Väter des deutschen **Pietismus** hielten an dieser Sicht der absoluten Wahrheit und Zuverlässigkeit der Heiligen Schrift fest, betonten allerdings im Unterschied zu ihren Vorgängern, daß es nicht zu einer scholastisch starren, toten Orthodoxie kommen dürfe. Vielmehr war für sie die Verbindung von unerschütterlichem Bibelglauben und lebendigem Glaubensvollzug mit seinen praktischen Auswirkungen wesentlich.[98] **Ph.J.Spener** (1635–1705) ist über-

[98] Zu Ph.J.Spener, dem Begründer des Pietismus, vgl. R.Frische, *Theologie unter der Herrschaft Gottes*, Gießen, 1979, S.13–18, wo er Speners Bibelverständnis referiert. Zu August Hermann Francke, dem Hallenser Theologieprofessor, Gründer eines Waisenhauses und Förderer der Mission, vgl. E.Peschke, »August Hermann Francke und die Bibel«, in: *Pietismus und Bibel*, hrg. v. K.Aland, Witten, 1970, S.81 (u.ö.). In seinen »Observationes Biblicae« spricht Francke von der »Apostolischen Autorität und Infallibilität«, die wohl für die Urschriften, nicht aber für spätere Übersetzungen gelten könne: vgl. K.Aland, »Bibel und Bibeltext bei August Hermann Francke und Johann Albrecht Bengel«, in: *Pietismus und Bibel*, S.109. Zu Bengels konsequentem Biblizismus vgl. M.Brecht, »Johann Albrecht Bengel und der schwäbische Biblizismus«, in: *Pietismus und Bibel*, S.194–199.

zeugt: Es »trieget deß Herrn Wort nicht, sondern wird wahr bleiben nun und in Ewigkeit« (*Pia desideria* 28,17f).[99] Von dieser Grundlage aus distanziert er sich von allen, die das Wort der Schrift »in Zweiffel haben ziehen wollen« (*Pia desideria* 44,7). Der schwäbische Pietistenvater und heilsgeschichtlich denkende Biblizist **J.A.Bengel** (1687–1752) hebt die bis ins einzelne hinein reichende göttliche Einheit der Bibel hervor: »Die Schrift Alten und Neuen Testaments ist ... ein höchst gediegenes und kostbares System göttlicher Zeugnisse, und nicht allein die einzelnen Teile sind Gottes würdig, sondern auch zusammengenommen widerspiegeln sie ein unversehrtes und zusammenhängendes Ganzes« (*Gnomon,* Praefatio §1). Charakteristisch für seine lebendige Bibelbeziehung sind die spontanen Gebete, in die seine gründliche Bibelauslegung immer wieder einmündet.[100] So geht seine Auslegung von Mk.1,20 über in die Worte: »O Gott! Dein Evangelium ist lauter Wahrheit. Das glaube ich: bei solchem Glauben erhalte mich bis an das Ende.« Zu Mk.10,9: »Großer Gott, ... gib eine wahre Ehrerbietung in mein Herz gegen alle deine Worte und Werke.« Oder zu Joh.2,22: »Herr Jesu! Die Schrift ist wahr, und deine Rede ist wahr. Das, was erfüllet ward, ist ein Beweis, daß das Übrige auch werde erfüllt werden. Ich glaube es und will mich darnach richten.« Wir zitieren noch ein Gebet Bengels, nämlich zu Joh.6,64.68: »Herr Jesu! Erhalte mich im Glauben, daß ich mich an keinem deiner Worte ärgern möge, wenn ich mich schon nicht in alles finden kann. Du stößest mich nicht hinaus, und ich weiche nicht von dir!« Hier zeigt sich tiefer Bibelglaube, verbunden mit echter Frömmigkeit.

**John Wesley** (1703–1791), der Begründer der methodistischen Freikirche und der großen angelsächsischen Erweckungsbewegung des 18.Jahrhunderts, schrieb am 24.Juli 1776 in sein Tagebuch: »Ja, wenn es irgendwelche Fehler in der Bibel gäbe, könnten es ja tausend sein! Wenn es in diesem Buch irgend etwas Verkehrtes gäbe, würde es nicht von dem Gott der Wahrheit stammen.« Er drückte damit aus, daß der göttliche Ursprung der Schrift nicht mit Fehlerhaftigkeit zu vereinbaren sei und daß schon das kleinste Zugeständnis an eine vermeintliche Irrtümlichkeit der Bibel grundsätzlich Tür und Tor öffne für nahezu unbegrenzte Fehlbarkeitsvermutungen.

99 Angeführt nach der Ausgabe *Pia Desideria,* Kleine Texte für Vorlesungen und Übungen (Heft 170), hrg.v. K.Aland, Berlin, ³1964.

100 Die Gebete, die aus Bengels »Das Neue Testament ... übersetzt und mit dienlichen Anmerkungen begleitet« von 1753 entnommen sind, finden sich in Auswahl zusammengestellt in: *Stuttgarter Biblisches Nachschlagewerk,* Stuttgart, 1955, S.33–36.

Für Wesley selbst stand die volle Inspiration und Irrtumslosigkeit der Heiligen Schrift fest. Auf dieser Basis konnte sein vollmächtiger Verkündigungsdienst erfolgen.

Die gleiche Haltung finden wir bei **C.H.Spurgeon** (1834–1892), dem vielleicht größten Prediger der Christenheit. Er bekennt: »Gottes Wort ist unsere erste und letzte Instanz.«[101] Und: »Unsere unfehlbare Grundlage ist das: ›Es steht geschrieben‹. Die Bibel, die ganze Bibel und nichts als die Bibel ist unser Bekenntnis ... (Die Bibel) ist das Wort Gottes und damit die reine, irrtumslose Wahrheit. Dieses großartige, unfehlbare Buch ist unser einziges Appellationsgericht.«[102] Die Ehrfurcht vor der Offenbarung treibt ihn zu umso genauerem Umgang mit der Schrift: »Unsere Ehrfurcht vor dem großen Urheber der Heiligen Schrift sollte uns jede flüchtige Behandlung seiner Worte verbieten. Keine Änderung der Schrift kann irgendwie eine Verbesserung sein. Wer an die wörtliche Inspiration glaubt, sollte große Sorgfalt anwenden, auch im Wortlaut korrekt zu sein. Die Herren, welche Irrtümer in der Schrift sehen, mögen sich für kompetent halten, die Sprache des Herrn der Heerscharen zu verbessern. Wir aber, die wir Gott glauben und gerade die Worte annehmen, die er gebraucht, dürfen diesen anmaßenden Versuch nicht machen.«[103] Entsprechend fordert er seine Hörer auf: »Glauben Sie durch und durch an das von Gott eingegebene Buch. Glauben Sie alles darin; glauben Sie es völlig; glauben Sie es mit der ganzen Kraft Ihres Wesens.«[104] Und er fragt: »Wenn dieses Buch nicht unfehlbar ist, wo sollen wir dann Unfehlbarkeit finden? Wir haben den Papst aufgegeben, denn er hat sich oft und schrecklich geirrt, und wir werden nicht an seiner Stelle eine Horde kleiner Päpste, die frisch von der Universität kommen, zur Herrschaft erheben. Sind diese Kritiker der Schrift unfehlbar? Ist es sicher, daß unsere Bibel nicht recht hat, aber daß die Kritiker recht haben müssen?«[105] Man merkt, daß diese Ausführungen, die Spurgeon 1891 auf einer Pastorenkonferenz gemacht hat, in einer Zeit gesagt sind, in der allgemein ein historisch-kritischer Umgang mit der Bibel bereits zur Vorherrschaft und Blüte gelangt war. Spurgeons Schrifthaltung ist auf diesem Hintergrund keineswegs ein naiver, vorkritischer Bibelglaube, sondern ein in der Auseinandersetzung mit der Bibelkritik be-

[101] C.H.Spurgeon, *Es steht geschrieben. Die Bibel im Kampf des Glaubens* (= 2 Vorträge), Wuppertal, [2]1980.
[102] ebd., S.73.
[103] ebd., S.31.
[104] ebd., S.26.
[105] ebd., S.27.

währter Standpunkt. Er ist überzeugt: »Das Heilige Wort hat mehr Kritik erduldet, als irgendeine allgemein anerkannte Lehre der Philosophie oder Wissenschaft, und es hat jede Feuerprobe überstanden.«[106] Und: »Keine bewiesene Tatsache in der Natur ist der Offenbarung entgegen ... Ich sage noch einmal, soweit Tatsachen in Betracht kommen, ist die Wissenschaft nie im Widerspruch mit den Wahrheiten der Heiligen Schrift. Aber die hastigen Schlüsse, die aus diesen Tatsachen gezogen werden, und die Erfindungen, die als Tatsachen klassifiziert werden, sind der Schrift entgegen, weil Falschheit nicht mit Wahrheit übereinstimmt.«[107] Seelsorgerlich rät er, bei scheinbaren Widersprüchen oder Diskrepanzen zwischen biblischen und wissenschaftlichen Aussagen nicht im Sinne einer billigen Apologetik oberflächlich zu harmonisieren: »Ich meine den unwissenschaftlichen Christen, der seinen Kopf anstrengt, um die Bibel mit der Wissenschaft zu versöhnen. Es wäre besser, wenn er sein Flickhandwerk niemals beginnen würde. Der Fehler, den solche Männer begingen, bestand darin, daß sie bei dem Versuch, eine Schwierigkeit zu lösen, entweder die Bibel verdrehten oder die Wissenschaft verzerrten ... Meistens täten wir besser daran, eine Schwierigkeit zu lassen, wo sie ist, anstatt eine neue Schwierigkeit durch unsere Theorie hervorzurufen.«[108] Oder er rät: »Versuchen Sie nicht, aus dem vollkommenen Buch etwas zu entfernen. Wenn Sie etwas Schwieriges finden, so lassen Sie es stehn und predigen Sie es im Verhältnis zu den anderen Glaubenslehren.«[109] Keinesfalls aber läßt Spurgeon sich auf jene moderntheologischen Rückzugsgefechte ein, bei denen Wahrheit um Wahrheit der Bibel dem Zeitgeist geopfert wird, um wenigstens den Kern der Sache zu retten. Hier erhebt er drastisch Einspruch: »Brüder, dieser Rat ist schändlich und mörderisch. Wir wollen diesen Wölfen mit allem entfliehen oder wir wollen mit allem verloren sein. Es soll ›die Wahrheit, die ganze Wahrheit und nichts als die Wahrheit‹ sein, oder gar keine. Wir wollen niemals versuchen, die Hälfte der Wahrheit dadurch zu retten, daß wir einen Teil von ihr wegwerfen. Dieser Vorschlag schließt Verrat gegen Gott und Enttäuschung für uns selbst ein. Wir wollen zu allem stehen oder zu nichts. Wir wollen eine ganze Bibel haben oder gar keine.«[110]

[106] ebd. S.16.
[107] ebd., S.34+35.
[108] ebd., S.35+36.
[109] ebd., S.15f.
[110] ebd., S.37f.

Diese vertrauensvolle Grundhaltung gegenüber der Bibel als dem völlig zuverlässigen Wort Gottes ist in den Großkirchen unserer Zeit zwar unter dem Einfluß der historisch-kritischen Demontage und Uminterpretation der Bibel – und sehr zum Schaden jener Institutionen – weithin aufgegeben worden, findet sich jedoch nach wie vor mit ungebrochener Stoßkraft in weiten Teilen der weltweiten evangelikalen Bewegung. Auf dem evangelikalen Lausanner Weltkongress für Evangelisation von 1974 wurde im Rahmen der sogenannten **Lausanner Verpflichtung** folgende Aussage zur Heiligen Schrift formuliert: »Wir halten fest an der göttlichen Inspiration, der gewißmachenden Wahrheit und Autorität der alt- und neutestamentlichen Schriften in ihrer Gesamtheit als dem einzigen geschriebenen Wort Gottes. Es ist ohne Irrtum in allem, was es bekräftigt, und ist der einzige unfehlbare Maßstab des Glaubens und Lebens.«[111]

1978 schließlich kamen in Chicago evangelikale Theologen aus aller Welt zusammen, um angesichts der anhaltenden Herausforderung durch die Bibelkritik erneut den historisch-christlichen Glauben an die uneingeschränkte Wahrheit und Autorität der Bibel zu bekennen. So entstand die **Chicago-Erklärung zur Irrtumslosigkeit der Bibel** mit ihren 19 Artikeln, die jeweils eine positive Bekenntnisaussage und eine entsprechende Verwerfung enthalten. Diesen Hauptartikeln wurde eine sogenannte »Kurze Erklärung« vorangestellt, die wir im folgenden wiedergeben: »1) Gott, der selbst die Wahrheit ist und nur Wahrheit spricht, hat die Heilige Schrift inspiriert, um sich so der verlorenen Menschheit durch Jesus Christus zu offenbaren, der Schöpfer und Herr, Erlöser und Richter ist. Die Heilige Schrift ist Gottes Zeugnis von sich selbst. 2) Die Heilige

[111] Zitiert ist hier nach der 2., revidierten Auflage der »Lausanner Verpflichtung« vom Sept.1975. – Da manche deutschen Übertragungen der LV formulieren, die Schrift sei »ohne Irrtum in allem, *was sie verkündigt*« (während das englische Original sagt: »without error in all it *affirms*«), ist hierzulande die Fehlinterpretation aufgekommen, die LV wolle nur die Irrtumslosigkeit der »kerygmatischen« (verkündigungsmäßigen) Aussagen der Bibel bekräftigen. Daß diese einschränkende Interpretation der LV deren ursprünglicher Absicht nicht entspricht, hat John Stott – der den Entwurf der LV in Lausanne formulierte – dem Vf. in einem Gespräch auf der Hermeneutik-Konferenz der »Gemeinschaft europäischer evangelikaler Theologen« im Sommer 1982 in Wölmersen bestätigt. Der einschränkende Nebensatz (»in all it affirms«) grenzt sich nur dagegen ab, auch Aussagen, die die Bibel zwar erwähnt, im Kontext aber ablehnt (vgl. Ps. 14,1), als inhaltlich irrtumsloses Gotteswort zu betrachten. Vgl. J.Stott, »Die Lausanner Verpflichtung: Eine Auslegung und Erläuterung«, in: *Lausanne geht weiter*, Neuhausen-Stuttgart, 1980, S.128f.

Schrift besitzt als Gottes eigenes Wort, das von Menschen geschrieben ist, die durch seinen Geist zubereitet und überwacht wurden, in allen Bereichen, die sie berührt, unfehlbare, göttliche Autorität: Ihr ist als Gottes Unterweisung in allem, was sie aussagt, zu glauben, als Gottes Gebot in allem, was sie fordert, zu gehorchen, und als Gottes Unterpfand in allem, was sie verheißt, bereitwillige Aufnahme entgegenzubringen. 3) Der Heilige Geist, ihr göttlicher Autor, beglaubigt sie uns durch sein inneres Zeugnis und hilft uns zum Verständnis ihrer Bedeutung. 4) Die Schrift, ganz und wörtlich von Gott gegeben, ist in allem, was sie lehrt, ohne Irrtum oder Fehler, und zwar sowohl im Blick auf ihre Aussagen über Gottes Handeln in der Schöpfung und in den Ereignissen der Weltgeschichte als auch (in ihren Aussagen) über ihre literarischen Ursprünge unter Gott, wie in ihrem Zeugnis von Gottes Heilshandeln im Leben von einzelnen. 5) Die Autorität der Schrift wird unweigerlich beeinträchtigt, wenn diese völlige göttliche Irrtumslosigkeit auf irgendeine Weise eingeschränkt, außer acht gelassen oder im Blick auf eine der Bibel entgegengesetzte Wahrheitsauffassung relativiert wird; und solche Fehlgriffe führen sowohl im Blick auf den einzelnen, als auch im Blick auf die Kirche zu ernstem Schaden.«

Wir wollen mit diesen Aussagen unseren geschichtlichen Rückblick beenden. Es ist deutlich geworden, daß der Glaube an die uneingeschränkte Wahrheit der Bibel keine moderne, »fundamentalistische« Erfindung ist, sondern die historisch-christliche Position darstellt. Abschließend müssen wir uns nun noch Gedanken darüber machen, wie es um die biblisch-lehrmäßige Begründung dieser Bibelhaltung steht.

### 2.2.3 Die Basis einer uneingeschränkt bibeltreuen Schrifthaltung

Der Glaube an die uneingeschränkte Wahrheit und Zuverlässigkeit der Bibel sieht sich heute einer Reihe von Vorurteilen gegenüber. Schnell sind da solche, die eine mindere Auffassung von der Heiligen Schrift haben, mit dem Vorwurf bei der Hand: Wo an die Unfehlbarkeit der Bibel geglaubt wird, werde Bibliolatrie, Buchvergötzung, getrieben; die Bibel wird zum papierenen Papst![112] Ich muß gestehen, für solche unsachlichen Argumente wenig Verständnis zu haben. Es geht doch nun wirklich nicht darum, daß einem Buch statt Gott die Ehre zuteil wird. Vielmehr kommt in einer bibeltreuen Haltung gerade Demut gegenüber Gottes Offenbarung, Gehorsam gegenüber seinem Wort und praktizierte Liebe zu ihm selbst zum Ausdruck. Man kann nicht Gott von Herzen lieben und seine Offenbarung kühl kritisieren! Ein gebrochenes Verhältnis zur Schrift verweist auch meist schon auf ein nicht mehr intaktes Gottesverhältnis – denn Gott hat es gefallen, uns heute nicht in unmittelbarer Offenbarung *(revelatio immediata)* zu begegnen, sondern in mittelbarer Offenbarung *(revelatio mediata)* durch sein Wort, das uns sein Geist lebendig macht. Die Praxis der Evangelisation zeigt immer wieder, daß Menschen, die durch das »Wort der Wahrheit« wiedergeboren werden (Jak.1,18), ein geradezu unbegrenzt-kindliches Vertrauen zu diesem Wort gewinnen, ein Vertrauen, das aus der Liebe zu dem hier sich offenbarenden Herrn und aus der Erfahrung der Wirkung dieses Wortes erwächst. Auf der anderen Seite läßt sich beobachten: Wo der glaubende Mensch massiv mit dem historisch-kritischen Zweifel konfrontiert wird und – alleingelassen – darauf keine Antwort findet, zerbricht daran nicht nur viel Vertrauen zum Wort der Bibel, sondern auch die lebendige Gottesbeziehung leidet Scha-

112 Vgl. etwa W.Eisenblätter, in: *Theol.Gespräch* 3-6/1983, S.23: »Das Stichwort von der Unfehlbarkeit stammt aus einem ähnlich dogmatischen Denken wie das von der ›Unfehlbarkeit‹ des römischen Lehramtes. Die Bibel ist zum papiernen Papst geworden.« Und ebd., S.31: »So richtig die Liebe zum Wort in seiner Ganzheit und die lebendige Christusbeziehung des Auslegers sind, so fraglich bleiben doch der gesetzliche Umgang mit dem Buchstaben (›papierener Papst‹) und die Verdrehung: zuerst Glaube an die Schrift, dann erst Glaube an Gott.« Als ob der demütige Gehorsam gegenüber allem, was Gott geoffenbart hat, etwas mit »Gesetzlichkeit« zu tun hätte! Und als ob es bei der in gewissen Zusammenhängen vorfindlichen Reihenfolge »Schrift – Gott« je um ein Werturteil ginge! Vielmehr geht es allenfalls um die Erkenntnisfolge *(ordo cognoscendi)*: zunächst sind wir an die Schrift gewiesen, denn *hier* begegnet uns Gott.

den.[113] Und umgekehrt: Wo es Rückgang im Glaubensleben gibt, wächst die Offenheit für den Zweifel an der Schrift.[114] Die pietistischen Väter haben gewußt, warum sie gleichermaßen eine lebendige Gottesbeziehung und einen ungebrochenen Bibelglauben forderten und vorlebten! Von daher möchte ich es ablehnen, Bibeltreue mit gesetzlicher Buchvergötzung und dem Tanz um einen »papierenen Papst« in Verbindung bringen zu lassen. In der Tat setzen wir – mit den Reformatoren – das Bekenntnis zum *sola scriptura* (Allein die Schrift!) an die Stelle aller Beugung unter menschliche – sei es päpstliche oder modern-theologische – Autorität. Doch dabei geht es nicht um Dingverehrung, sondern um Vertrauen, Gehorsam und Liebe zu Gott und seiner Offenbarung, die er gegeben hat und von der er nicht zu trennen ist. Nicht dem Buch als solchem, sondern seinem Inhalt und seinem Geber gilt unsere Achtung und Liebe.

Eines der seltsamsten mir zu Ohren gekommenen Argumente gegen den Glauben an die Inspiration und Zuverlässigkeit der Schrift ist folgendes: »Es wirkt sich verhängnisvoll aus, daß man im Zuge der Propagierung der Verbalinspirationslehre das eigentliche Offenbarungsereignis von Person und Werk Jesu Christi weg in den Akt der Inspiration von Schriften verlagerte. Auf diese Weise wurde die Christusoffenbarung durch die Vorschaltung der Schriftinspiration in den Schatten gestellt, verdunkelt, ja fast abgelöst ... Die Schrift des Neuen Testaments hat es nicht nötig, durch ein Dogma gesichert zu werden, und sei es das Inspirationsdogma. Dies ist vielmehr als theologische Theorie geeignet, die Christusoffenbarung zu verdunkeln und von ihr abzulenken.«[115] Mindestens zwei Vorwürfe

[113] Als freikirchlicher Seminardozent stellt S.Liebschner, »Probleme mit der wissenschaftlichen Bibelexegese«, *Theol.Gespräch* 3–6(1983), S.20, fest: »Ich erlebe es immer wieder, wie Studenten an der Universität und auch bei uns, die diesen Sachverhalt (nämlich die kritische Destruktion der Bibel – d.Verf.) nahe genug an sich heranlassen und ernst nehmen, mit Verunsicherung und Distanz zur Schrift reagieren.« H.Gollwitzer, »Die neuere Theologie und die heutige Gemeinde«, in: *Unter der Herrschaft Christi* (1961), S.102, spricht vom »Zerbrechen an der historischen Kritik«. Professor R.Bohren, *Dem Worte folgen*, München/Hamburg, 1969, S.66, berichtet, daß auf Grund der historisch-kritischen Methode so mancher intelligente Student bei ihm im praktisch-theologischen Seminar »als Neurotiker ankommt«. – Wer wagt es, angesichts solcher Ergebnisse noch immer das »Feuer der Kritik« als unumgänglich für Theologiestudenten zu empfehlen?

[114] Auch S.Liebschner, aaO., S.21, stellt einen Zusammenhang zwischen der Öffnung für die Bibelkritik und einem abnehmenden geistlichen Lebensniveau fest.

[115] E.Schütz, »Unser Christuszeugnis auf dem Grund der Schrift«, *Theol.Gespräch* 3–6 (1983), S.18.

stecken in diesem Scheinargument: a) der Glaube an die Schriftinspiration mache in negativer Weise der Christusoffenbarung Konkurrenz; und b) der Glaube an die Schriftinspiration sei ein menschliches Dogma, durch das man illegitimerweise die Glaubwürdigkeit der Bibel sichern wolle. Wir gehen zunächst auf den ersten Vorwurf ein. Es bedeutet schon eine eklatante Verkennung der Theologiegeschichte, wenn man zur Verteidigung der Bibelkritik das Argument bemüht, der Inspirationsglaube führe zu einer Verdunklung der Christusoffenbarung. Als ob nicht gerade die Vertreter des bibeltreuen Standpunktes durch die ganze Kirchengeschichte hindurch diejenigen gewesen sind, die auf Grund des geoffenbarten Christuszeugnisses mit Liebe und Entschiedenheit ohne jede Abstriche am ganzen biblischen Christus festgehalten hätten, während die Bibelkritik immer mehr oder minder radikal mit der Demontage des biblischen Christus beschäftigt war.[116] Der Glaube an den ganzen Christus und der Glaube an das inspirierte Wort gehören untrennbar zusammen und machen sich keine Konkurrenz. Wir haben Christus nicht ohne das Wort, denn nur hier wird er uns verkündigt wie er war und ist. Ich wüßte aber auch niemanden, der die Inspiration – gewissermaßen als Selbstzweck betrachtet – gegen Christus ausspielen wollte oder würde. Wer das Gegenteil behauptet, baut fadenscheinige Strohmänner auf.

Der zweite Vorwurf ist von nicht besserer Qualität. Als ob die Inspirationslehre nachträglich erfunden worden wäre, um die Bibel »abzusichern«! Vielmehr findet sich das Zeugnis von der Gott-Gegebenheit der Heiligen Schriften bereits ausführlich im Alten wie im Neuen Testament. Und eine schrifttreue Theologie hat es immer als ihre Aufgabe angesehen, das, was die Bibel lehrt, wahr und genau nachzuvollziehen und zu lehren. So hat sie es auch mit der Inspirationslehre getan – lange vor dem Aufkommen modernistischer Bibelkritik! Und wenn heute Evangelikale erneut auf diese Inspiration und Autorität der Heiligen Schrift hinweisen, dann geschieht das nicht in Rückzugsgefechten aus ängstlichen Sicherungsbedürfnissen, sondern offensiv im Bekenntnis zu biblischen Selbstaussagen und aus dem Wissen heraus, daß der Bekenntnisstand jeweils gerade an den Punkten auszurufen ist, an denen der Einbruch der Irrlehre erfolgt.

[116] Daß ausgerechnet der Autor, der oben von der »Verdunkelung des Christuszeugnisses« durch den Inspirationsglauben schrieb, im gleichen Aufsatz die Jungfrauengeburt Jesu entgeschichtlichend verflüchtigt (E.Schütz, aaO., S.16f), bestätigt – unfreiwillig – den wahren Sachverhalt!

Zweifellos ist die *Ganzinspiration der Heiligen Schrift* einer der tiefsten Gründe für die ganze, uneingeschränkte Vertrauenswürdigkeit und Wahrheit der Bibel.[117] Wo der Gott, der die Wahrheit ist und nicht lügt (Dan.4,34; Sach.8,8; Joh.14,6; 1.Joh.5,6b; 4.Mo.23,19; Hebr.6,18), sich offenbart, auch wenn er dies in seiner Allmacht und Weisheit durch Menschen tut, ist zu erwarten, daß seine Offenbarung wahr und untrüglich ist. Dies zu sagen bedeutet nicht – wie Schlatter befürchtete –, einer doketischen Inspirationsauffassung zu verfallen, die den Menschen ausklammert. Die Tatsache, daß Gott Menschen – wirkliche Menschen in ihrer individuellen Ganzheit! – in geschichtlichen Situationen durch seinen Geist in Dienst nimmt, will nämlich keineswegs schon besagen, daß damit *ipso facto* Fehlbarkeit, Sünde und Irrtum Einzug gehalten hätten in das Offenbarungswort.[118] Gewiß, Irren ist menschlich. Aber zum Menschsein gehört nicht zwingend, daß man immer und überall irren *muß*. Und schon gar nicht gehört dazu, daß das, was Gott selbst durch den Menschen wirkt, sündhaft und fehlbar sein muß. Erich Sauer, einer der wenigen über Deutschland hinaus bekannt gewordenen evangelikalen Theologen, der sich zur uneingeschränkten Wahrheit der Schrift bekannte, unterstreicht diesen Grundsatz in aller Deutlichkeit: »Das ist eben das Geheimnis der biblischen Inspiration, daß sie ihre menschlichen Werkzeuge durchaus aktiv sein läßt, dabei aber dennoch jeden Gedanken und jedes Wort überwacht und bewahrt, so daß das Ergebnis im Originaltext ein irrtumsfreies, vom Geist voll durchdrungenes, absolut zuverlässiges Gotteswort ist.«[119]

Hingewiesen sei in diesem Zusammenhang auf die *Analogie zu Jesus*, dem fleischgewordenen wahren »Wort« Gottes. Er war »in allen Dingen (als Mensch) versucht wie wir – doch ohne Sünde« (Hebr.4,15)! Man kann Jesus nicht der Sünde zeihen, ohne dadurch in Widerspruch mit dem biblischen Zeugnis zu geraten und das Gott-Mensch-Geheimnis seiner Person zu zerstören. Sollte man

[117] Vgl. Art.XV der ›Chikago-Erklärung‹: »Wir bejahen, daß die Lehre von der Irrtumslosigkeit in der Lehre der Bibel über die Inspiration ihren Grund hat.«

[118] Vgl. E.Sauer, *Gott, Menschheit und Ewigkeit*, Wuppertal, $^{2}$1955, S.108: »Es gibt ... in der Tat ganz unverkennbar einen ›menschlichen Faktor‹ in der Bibel. Nur muß hierbei dem Glauben bewußt sein, daß dieser ›menschliche‹ Faktor nicht in einer originaltextlichen Fehlerhaftigkeit, d.h. in einer Beimischung von persönlichen oder zeitgenössischen, geschichtlichen oder naturwissenschaftlichen Irrtümern in den heiligen Text, besteht, sondern eben in diesem Verwobensein des Göttlichen mit der irdischen Geschichte.« – Wir werden Sauer, um seiner Bedeutung – besonders für den freikirchlichen Bereich – willen, im folgenden mehrfach zitieren. Seine Stimme verdient heute besonderes Gehör.

[119] E.Sauer, aaO., S.109.

umgekehrt die Bibel angesichts ihrer »Menschlichkeit« der Relativität und Irrtümlichkeit bezichtigen können, ohne dabei das Selbstzeugnis der Schrift zu übergehen und das Gott-Mensch-Geheimnis ihres Wesens aufzulösen?

Daß die Inspiration bei aller Indienstnahme der vollen menschlichen Individualität tatsächlich Trug und Unwahrheit ausgeschlossen hat, wird durch das *Selbstzeugnis der Bibel* zu ihrer eigenen Wahrheit und Autorität deutlich. Dieses Selbstzeugnis (vgl. auch oben die Abschnitte 2.1.3 und 2.1.4) ist entschieden ernster zu nehmen, als dies in der gegenwärtigen Diskussion um die Schriftfrage meist der Fall ist. Denn wie sollte jemand, der Aussagen der Bibel nicht ernst nimmt, wenn sie über sich selbst spricht, ihr Zeugnis annehmen, wenn sie über anderes spricht? Tatsächlich finden sich in der Schrift in sehr unterschiedlichen Kontexten Aussagen, die ihren Wahrheitscharakter unterstreichen. So betet David auf eine prophetische Zusage hin: »Nun denn, Herr mein Gott: Du bist Gott, und deine Worte sind Wahrheit!« (2.Sam.7,28). In den Psalmen wird gesagt: »Die Worte des Herrn sind lautere Worte, sind Silber, im Schmelzofen siebenfach geläutert« (Ps.12,7); und von der Thora heißt es: »Das Gesetz des Herrn ist vollkommen . . ., die Befehle des Herrn sind richtig . . ., die Rechtssprüche des Herrn sind wahrhaftig« (Ps.19,8ff). Oder auch: »Dein Wort ist nichts als Wahrheit!« (Ps.119,160; vgl. 33,4; 138,2). In der Weisheitsrede des Sprüchebuches heißt es: »Die göttliche Weisheit spricht: Mein Mund soll die Wahrheit reden . . . Alle Reden meines Mundes sind gerecht; es ist nichts Verkehrtes noch Falsches darin; sie sind den Verständigen gerade und richtig denen, die es annehmen wollen« (Spr.8,7ff). Dieses wahre Gotteswort beansprucht auch, nicht nur existentiell bedeutungsvoll für den Tag gewesen zu sein, um dann bald als veraltet und überholt dazustehen; sondern: »Gras verdorrt, Blume verwelkt, aber das Wort unseres Gottes bleibt in Ewigkeit« (Jes.40,8).

Jesus, der Sohn Gottes, hat sich zu der Unverbrüchlichkeit dieses Wortes bekannt. Wer seine Bestimmungen antastet, vergreift sich damit an Gottes Wort (Mk.7,10ff). Der Wortlaut einer einzelnen Versstelle im Alten Testament ist für ihn unumstößlich: »Die Schrift kann nicht gebrochen werden!« (Joh.10,35). Bis auf Jota und Häkchen – wir würden sagen: bis auf's i-Tüpfelchen! – ist das Alte Testament für ihn Gottes Wort und fällt damit nicht unter die Vergänglichkeitsgesetze alles Irdischen (Mt.5,18). Vorgänge, die heute von der Bibelkritik als Mythen verdächtigt werden, greift er als historische Tatsachen auf. So bezieht er sich auf die Geschichtlichkeit Adams und Evas (Mt.19,8), den Brudermord an Abel (Mt.23,35), auf

Noah und die Sintflut (Lk.17,26f), auf das Gericht an Lots Frau und die Zerstörung Sodoms (Lk.17,28–32), auf den brennenden Dornbusch (Mk.12,26), die eherne Schlange (Joh.3,14), die Sache mit den Schaubroten bei Davids Flucht (Mt.12,3), den Besuch der Sabakönigin bei Salomo (Lk.11,31), den Aufenthalt Jonas im Fisch (Mt.12,40), die Umkehr der Niniviten auf Jonas Predigt hin (Lk.11,32), die Elia- und Elisageschichten (Lk.4,25ff), sowie das Martyrium des Zacharias (Lk.11,51). Jesus geht auch von der Zuverlässigkeit der Verfassernamen aus, wie sie das Selbstzeugnis einiger (heute umstrittener) alttestamentlicher Schriften nennt. So stammt für ihn nicht nur allgemein »das Gesetz« (Joh. 7,19) von Mose, sondern im einzelnen werden Stellen aus dem zweiten (Mk.7,10; 10,5), dritten (Mt.8,4) und fünften Mosebuch (Mt.19,8) als mosaisch bezeichnet. Stellen aus dem gesamten Jesajabuch – das heute bekanntlich mindestens zwei oder drei zum Teil unbekannten Verfassern zugeschrieben wird – nimmt er als Jesajaworte an (Jes.6,9f / Mt.13,14 und Joh.12,39f; Jes.29,13 / Mt.15,17; Jes.42,1 / Mt.12,17; Jes.53,1 / Joh.12,38; Jes.53,4 / Mt.8,17; Jes.61,1f / Lk.4,17ff). Und auch die Verfasserangaben von Psalmen nimmt Jesus ernst (s.Lk.20,42 zu Ps.110). Im Rahmen eines Gebetes macht Jesus die folgende grundsätzliche Aussage: »Heilige sie in deiner Wahrheit – dein Wort ist die Wahrheit!« (Joh.17,17; vgl.8,40; 21,24). Von seinen eigenen Worten sagt er aus, daß sie – im Unterschied zu allem Menschlichen und Irdischen – für alle Zeiten unvergänglich sein werden (Mk.13,31), und für die getreue Überlieferung dieser Worte verheißt er seinen Jüngern eigens den erinnernden Beistand seines Geistes (Joh.14,26). Eine andere Haltung zur Schrift, als wir sie bei Christus finden, sollte bei Christen nicht zu finden sein. Ganz zentral um Jesu willen sollten wir uneingeschränkt an die Wahrheit der Bibel glauben. Er, der selbst die Wahrheit ist, hat uns dieses Vertrauen zur Wahrheit der Schrift vorgelebt. Als Anpassung an irrige Anschauungen seiner Zeit kann das – etwa unter Berufung auf seine Kondeszendenz (Herablassung) in der Menschwerdung – nicht abgetan werden. Denn, daß sich »der Herr dem Sprachgebrauch Seiner Zeit angepaßt hat, ist offenbar. Daß er sich aber dem Irrtum Seiner Zeit angepaßt habe, ist restlos unvereinbar mit seiner vollkommenen Wahrhaftigkeit und Göttlichkeit.«[120]

Wenn wir zu den Aposteln kommen, finden wir ganz ähnliches. Jakobus wie auch Paulus bezeichnen das biblische Wort als »das Wort der Wahrheit« (Jak.1,18; 2.Tim.2,15). Hinsichtlich der apostoli-

[120] E.Sauer, aaO., S.135.

schen Lehre wird gesagt: »Halte fest das Muster der gesunden Worte, die du von mir gehört hast« (2.Tim.1,13). Und Paulus bekennt: »Ich glaube allem, was im Gesetz und in den Propheten geschrieben steht« (Apg.24,14). Im letzten Buch der Bibel, schließlich, wird wiederholt versichert: »Diese Worte sind wahrhaftig und gewiß!« (Offb.21,5 22,6). Diesem immer wieder bezeugten Wahrheitsanspruch der biblischen Offenbarung entsprechen umgekehrt – als wollten sie den leichtfertigen und die Wahrheit des Wortes Gottes immer noch nicht ganz ernst nehmenden Leser warnen – eine Reihe von Gerichtsansagen, die den verfälschenden und unehrerbietigen Umgang mit dem Bibelwort unter Gottes Strafandrohung stellen. Paulus warnt: Wer etwas »entgegen dem verkündigt, was wir euch als Evangelium verkündet haben, der sei verflucht!« (Gal.1,8f). Sehr ernst für jeden, der sich im Umgang mit der Bibel der Willkür schuldig macht, ist das Wort in 2.Pt.3,16: »In diesen (den Paulusbriefen) ist einiges schwer zu verstehen, was die Unwissenden und Unbefestigten verdrehen wie auch die übrigen (Hlg.) Schriften zu ihrem eigenen Verderben.« Unbotmäßiger Umgang mit der Bibel zieht Verderben nach sich! Angesichts so mancher bibelkritischer Aussagen, die wir weiter oben (Abschnitt 2.2.1) zu behandeln hatten, könnte einem bange werden um radikal-kritische, aber auch gemäßigt-kritische Theologen, die mit kühner Selbstverständlichkeit Sachkritik an biblischen Aussagen üben, angefangen bei historischen und auf Naturkundliches bezogenen Aussagen der Schrift, bis hin zu einzelnen Punkten des christologischen und soteriologischen Zeugnisses der Bibel. Daß der Kanon der Heiligen Schrift – oder zumindest das letzte Buch der Bibel – mit einem entsprechend ernsten Mahnwort schließt, sollte doch zu denken geben: »Ich bezeuge jedem, der die Worte der Weissagung dieses Buches hört: Wenn jemand zu diesen Dingen hinzufügt, so wird Gott ihm die Plagen hinzufügen, die in diesem Buch aufgeschrieben sind; und wenn jemand von den Worten des Buches dieser Weissagung wegnimmt, so wird Gott seinen Teil wegnehmen von dem Baum des Lebens und aus der Heiligen Stadt, wovon in diesem Buch geschrieben steht« (Offb.22,18f).

Der Ernst solcher Warnungen, die Klarheit des Selbstzeugnisses der Heiligen Schrift – und hier wiederum vor allem Jesu und seiner Apostel – zu ihrem eigenen uneingeschränkten Wahrheitscharakter, der in der biblischen Ganzinspiration seinen Grund hat, wie auch die Erfahrung der lebensverändernden Wirkkraft dieses Wortes und die von Augenzeugen bestätigte und bis heute persönlich erfahrbare Realität des in der Schrift bezeugten Herrn führen mich dazu, zu bekennen: Ich glaube als Gotteskind und Christ an die göttliche Autorität, die uneingeschränkte Wahrheit, Genugsamkeit und letztgültige Normativität der ganz durch göttliche Eingebung zustande gekommenen Heiligen Schrift, die ich von daher im Glauben und Gehorsam als völlig zuverlässig in allen ihren Aussagen, als sachlich richtig, widerspruchsfrei und bei aller Vielfalt einheitlich in ihrem heilsgeschichtlichen Ganzen annehme und ehre. Man könnte an dieser Stelle auch zwei andere Bekenntnisworte nennen, die in der Diskussion um die Schrift traditionell eine wichtige Rolle gespielt haben und die in der Abgrenzung meines Erachtens bis heute unverzichtbar sind: nämlich das Ja zur Unfehlbarkeit und Irrtumslosigkeit der Bibel. Gerade hinsichtlich einer positiven Erklärung zur biblischen Irrtumslosigkeit hat sich der Neuprotestantismus immer außerordentlich schwer getan. Meist war schon das höchste, was man auszusagen bereit war, daß die Bibel maßgebende Autorität für Lehre und Leben sei – wobei man jedoch offen ließ, welche der biblischen Aussagen diesen Autoritätscharakter hätten: nur die für Heil und vielleicht Heiligung wichtigen Kernworte, oder auch historische, naturkundliche und auf ihre literarischen Ursprünge bezogene Schriftaussagen? Mancher sprach noch von »Unfehlbarkeit« der Bibel, beschränkte diese aber insgeheim auf Heilsfragen, in denen die Schrift uns nicht fehlgehen lasse, sondern unfehlbar zu Gott führe. Wie aber kann man sich ehrlicherweise zur Unfehlbarkeit der Schrift bekennen, wenn man diesen Wesenszug nur auf eine begrenzte Anzahl ihrer Aussagen bezieht, die im übrigen von viel Fehlerhaftem umgeben seien? Ist jene Eingrenzung, die übrigens im Selbstzeugnis der Schrift keinerlei Anhaltspunkt hat und auch von Jesus im Blick auf das Alte Testament und seine eigenen Aussagen nicht geteilt wird, nicht ein rein subjektives, ein einen »Kanon« im Kanon schaffendes Unterfangen?[121] Und wird diese Einschränkung

[121] Die Subjektivität solcher Differenzierungsversuche, die durch die bis ins Denken reichende Sündhaftigkeit des Menschen noch problematisiert wird, stellt auch E.Sauer, aaO., S.101, klar heraus: »Wenn die Bibel eine Mischung von Wahrheit und Irrtum wäre, würden wir selbst ja erst die Entscheidung zu treffen haben, was in ihr als von Gott gekommen anzuerkennen sei und was wir, als von Menschen als irrtümlich beigemischt, zu verneinen hätten. Wie aber will Menschengeist unterscheiden können, was göttlich und was menschlich ist, wenn er nicht einen ihm von Gott selbst gegebenen, eindeutigen Maßstab hat? Wie könnte unser Geist sich erkühnen, Gottes Buch zu analysieren oder gar zu sezieren und – meist nach stark subjektiven ›Eindrücken‹ und Empfindungen oder auf Grund unzulänglicher Geschichtskenntnisse – darüber zu Gericht sitzen, welches Bibelwort Glaube und welches Nichtglaube verdient? Wir, die Gefallenen! Wir, die nicht nur sittlich, sondern auch geistig und erkenntnismäßig durch die Sünde in Verfinsterung und Nebel hineingestoßen sind!«

nicht früher oder später die Frage aufkommen lassen, ob man angesichts des vermeintlich Fehlerhaften und Irrtümlichen rundum wirklich so sicher die Unfehlbarkeit der Schrift in Heilsfragen aussagen könne? Ich bin überzeugt, wer wirklich meint, was er sagt, wenn er sich zur Unfehlbarkeit der Bibel bekennt, muß auch ihre Irrtumslosigkeit anerkennen. Beides gehört zum uneingeschränkten Wahrheitsanspruch der Schrift.[122] Damit ist nicht etwa behauptet, daß die biblischen Schreiber als solche eine persönlich-anthropologische Irrtumsfreiheit besessen hätten. Sie waren Menschen wie wir, allerdings in unmittelbarer Zeugenschaft zum jeweiligen Offenbarungsereignis bzw. als vom Geist Gottes inspirierte Offenbarungsträger. Nur, das Siegel des absoluten Wahrheitsanspruches gilt nicht den Autoren als solchen, sondern dem durch sie von Gott gegebenen heiligen Text – und zwar wiederum nicht irgendwelchen späteren Übersetzungen oder Abschriften dieses Textes, sondern zunächst einmal streng genommen dem ursprünglichen Text, wie Gott ihn gab, von dem her alle späteren Bibelausgaben ihre Wahrheit und Autorität nach Maßgabe ihrer Originaltreue ableiten.[123]

Manche Christen, die in grundsätzlicher Gehorsamsbereitschaft und gläubigem Vertrauen Gott gegenüber leben, aber Wesen und Umfang des biblischen Selbstzeugnisses zur Ganzinspiration und zur völligen Wahrheit der Schrift noch zu wenig erkannt haben, zögern, wenn es um das Bekenntnis zur ganzen Zuverlässigkeit, Wahrheit und Einheit der Bibel geht. Sie meinen, sie müßten zunächst induktiv untersuchen, ob sich wirklich alle biblischen Problemstellen für sie befriedigend lösen lassen, bevor sie sich zur unfehlbaren Wahrheit der Schrift erklären könnten. Die Probleme lassen auch nicht lange auf sich warten: Da sind Stellen in den Königs- und Chronikbüchern oder in den Synoptischen Evangelien, die sich nicht leicht harmonisieren lassen; da stellt sich die Frage, wie der Geschichtsrahmen des Johannesevangeliums etwa zu dem des Markusevangeliums paßt; da kommt die theologische Literarkritik und

[122] Vgl. Artikel XI der ›Chikago-Erklärung‹: »›Unfehlbarkeit‹ und ›Irrtumslosigkeit‹ können zwar unterschieden, aber nicht getrennt werden«.

[123] Auch E.Sauer, aaO., S.108, betont gegenüber dem immer wieder geäußerten Vorwurf, wer an die völlige Zuverlässigkeit der Schrift glaube, mache aus den Bibelautoren irrtumsfreie und damit unwirkliche Übermenschen: »Die Heilige Schrift lehrt ... nirgends eine ... wissenschaftliche Irrtumslosigkeit ihrer Schreiber als Personen (vgl. z.B. Petrus in Gal. 2,11ff). Aber wenn es sich um das Besondere ... des schriftlichen Bibel-Inspirationsdienstes handelt, dann müssen wir allerdings sagen: Hier ist Irrtumslosigkeit des Originaltextes Glaubenspostulat! Das Entscheidende ist, daß die persönlichen Irrtümer der Werkzeuge der Inspiration nicht in den heiligen Text selbst eingedrungen sind.«

stellt biblische Verfasser- und Situationsangaben in Frage; Fragen werden aufgebracht im Blick auf das Verhältnis der Bibel zu Archäologie und moderner Naturwissenschaft; und nicht zuletzt ist da nach 250 Jahren historisch-kritischer Theologie ein kaum übersehbarer Hypothesenwald, der – wenn man einmal alle diese Hypothesen nebeneinanderstellen würde – kaum einen Abschnitt der Schrift unproblematisiert lassen würde. Darf man vor diesen Anfragen und Problemen die Augen verschließen und so tun, als gäbe es sie nicht? Das kann nicht die Lösung sein! Die Frage ist nur, ob der Mensch, der zunächst alle Probleme lösen will, bevor er den biblischen Wahrheitsanspruch zur Kenntnis nimmt und glaubend annimmt, sich nicht selbst überschätzt. Vermutlich wird er mit den Lösungsversuchen gar nicht zu Ende kommen – und selbst wenn er auf alle ihm bekannten Probleme eine Antwort fände, könnte er doch nicht sicher sein, daß damit alle tatsächlich vorhandenen oder von anderen bereits aufgebrachten Probleme gelöst wären. Außerdem würde er als einer, der vom methodischen Zweifel statt vom Vertrauen in die zuverlässige Wahrheit seines Gegenstandes ausgeht, eine erhöhte Anfälligkeit für voreilige Resignation hinsichtlich der Lösbarkeit von Problemen mitbringen und im Konfliktfall leichter geneigt sein, den wissenschaftlichen Theorien und Behauptungen des Tages gegenüber einer biblischen Aussage den Vorrang zu geben und sich so den Weg zur Erkenntnis der Wahrheit des Wortes verbauen. Die Situation wäre ähnlich, wenn jemand den Glauben an den dreieinigen Gott oder die Zwei-Naturen-Lehre Christi solange aussetzen wollte, bis alle ihm bewußten oder grundsätzlich möglichen Fragen zum Problem der Dreieinigkeit und der Inkarnation ihre allgemeinverständliche Antwort gefunden hätten. Der induktive Weg wird immer da an seine Grenzen stoßen, wo die Größe des Gegenstandes das Erkenntnisvermögen des begrenzten Individuums übersteigt.

Demgegenüber gilt es, das biblische Inspirations- und Wahrheitszeugnis im Glauben und Gehorsam anzunehmen und sich in seinem Denken demütig der Offenbarung anzuvertrauen, um mit Jesus bekennen zu können: »Dein Wort ist die Wahrheit«, oder mit dem Psalmisten: »Dein Wort ist nichts als Wahrheit!« – und zwar ohne daß sich der autonome Verstand dabei schon wieder Gebiete ausgrenzt, für die er jene Bekenntnisworte nicht gelten lassen will. Wer diese Haltung einnimmt, wird sich auch immer dessen bewußt sein, daß das eigene Erkenntnisvermögen Stückwerk ist (1.Kor.13,9.12). Er wird von daher in Selbstbescheidung anerkennen, daß wir in unserer Begrenztheit vielleicht gar nicht gleich alle Fragen werden beantworten können, die uns am Schriftwort selbst oder im Gegenüber des Bibelwortes zu den gegenwärtigen historischen, archäologischen oder naturkundlichen Einsichten und Theorien kommen. Er glaubt dem Gott, der Wahrheit über sein Wort und in seinem Wort offenbart, und er glaubt Jesus und seinen Aposteln, die für alle Zeiten ein verbindliches Muster für die Einstellung der Gläubigen gegenüber dem vorliegenden Gotteswort gegeben haben. Kann er entsprechend die Lösung für ein Problem (noch) nicht finden, wird er – anstatt zu sachkritischen Urteilen zu kommen – in ehrerbietiger Zurückhaltung die Schwierigkeit anstehen lassen in der Hoffnung, daß jemand anderes oder auch er selbst zu einem späteren Zeitpunkt – auf jeden Fall aber der allwissende Gott – die Lösung kennt.

Um eine »Opferung des Verstandes« – ein sogenanntes *sacrificium intellectus* – geht es dabei allerdings nicht, auch wenn dies von entsprechender Seite gelegentlich behauptet wird. Es geht keineswegs darum, daß der Christ das Denken, das ihm als ein Talent anvertraut ist, vergräbt. Es geht aber darum, wie der Mensch sein Denken *coram deo* – als ein vor Gott Stehender – recht gebraucht. Paulus, der wirklich nicht denkfaul war, sprach davon, daß es in der geistlichen Auseinandersetzung um das »Einreißen von Gedankengebäuden« gehe »und von jeder Höhe, die sich erhebt gegen die Erkenntnis Gottes, so daß wir jeden Gedanken gefangen führen unter den Gehorsam des Christus« (2.Kor.10,4.5). Es geht nicht um eine Abwehr des Denkens, aber es geht – obwohl dies dem aufgeklärten Menschen schwerfällt – um das gehorsame Denken! **Anselm von Canterbury** († 1109) prägte in der Frage nach dem rechten Verhältnis von Offenbarung und Denken den wichtigen Grundsatz: »Ich suche nicht zu verstehen, um (dann erst) zu glauben, sondern ich glaube, um zu verstehen« (*neque enim quaero intelligere ut credam, sed credo ut intelligam*). Der Glaube steht nicht als Möglichkeit am Ende eines induktiven Denkprozesses, dem sich alle Fragen gelöst haben, sondern er ist vertrauensvoller Ausgangspunkt des Denkens: *credo ut intelligam!* Er ist nicht denkfeindlich, vielmehr gilt: »Der Glaube drängt zur Einsicht!« *(fides quaerit intellectum).* Der Glaubende ist eingeladen, das Geglaubte denkend zu erforschen und immer besser zu verstehen.

Das gilt auch in der Schriftfrage. Am Wahrheitsanspruch der Schrift entsteht durch das Zeugnis des Heiligen Geistes das Vertrauen in die unfehlbare Zuverlässigkeit und irrtumslose Wahrheit des göttlichen Wortes. Dieses tiefe Vertrauen scheut sich nun aber nicht ängstlich vor Anfragen und Problemstellen: »Wer glaubt, flieht nicht!« (Jes.28,16). Entsprechend zeigt sich auch immer wieder, wie gerade Vertreter eines uneingeschränkten Vertrauens in die Zuverlässigkeit der Bibel die offensive denkerische Auseinandersetzung mit den Argumenten der Bestreiter der Bibelwahrheit suchen. So stellt sich etwa – um nur einige Beispiele zu nennen – Norman L.Geisler, eine der führenden Persönlichkeiten des »Internationalen Rates für biblische Irrtumslosigkeit«[124] in öffentlichen Debatten an Universitäten den Argumenten bibelkritischer Theologen. Ein weiteres Mitglied dieses Rates, Professor Gleason L.Archer, hat eine umfangreiche Enzyklopädie biblischer Problemtexte veröffentlicht, in der er Buch für Buch die bekannten Problemstellen der biblischen Schriften aufgreift und Lösungen anbietet.[125] Mit literarkritischen Theorien, die als Ergebnisse historisch-kritischer Forschung die geschichtliche Glaubwürdigkeit biblischer Bücher untergraben, setzen sich R.K.Harrison[126] und D.Guthrie[127] in ihren detaillierten Einleitungen in das Alte und Neue Testament auseinander. Auch archäologische Studien bestätigen immer wieder in genauer, unvoreingenommener Analyse den biblischen Befund.[128] Daß wir in einem Büchlein über Grundlinien des Schriftverständnisses nicht auf eine Behandlung von Einzelproblemen eintreten können, dürfte allein schon ein Blick auf den Umfang oben genannter Spezialwerke deutlich machen.

Daß jene Werke in Englisch abgefaßt sind, mag uns bewußt machen, daß eine wirklich bibeltreue Theologie, die entsprechend hilfreiche Bücher hervorbringt, in Deutschland allzu lange gefehlt hat.[129] Besonders in einem Bereich hat es in den letzten Jahren allerdings eine fruchtbare Entwicklung gegeben, nämlich in dem Versuch, die biblische Urgeschichte mit den naturwissenschaftlich bekannten Fakten zu vergleichen, anstatt immer schon naturkund-

124 N.L.Geisler ist Herausgeber des bedeutenden Sammelbandes *Inerrancy,* Grand Rapids, 1980, 515 S.

125 G.L.Archer, *Encyclopedia of Bible Difficulties,* Grand Rapids $^{4}$1983, 476 S.

126 R.K.Harrison, *Introduction to the Old Testament,* London 1970, 1215 S.

127 D.Guthrie, *New Testament Introduction,* London $^{3}$1970, 1054 S.

128 Beachtenswert ist hier etwa das Werk von J.J.Bimson, *Redating the Exodus and Conquest* (JSOT Bd.5), Sheffield 1978, 351 S., das die Frühdatierung des Exodus und der Eroberung Kanaans (15.Jhd.v.Chr.) bestätigt; vgl. R.Riesner, »Die Mauern von Jericho«, *ThBeitr* 14 (1983), S.79–86. Wie man in seinem Buch beiläufig bemerkt, würde Bimson der Bibel aber auch in der einen oder anderen Frage einen Irrtum zutrauen.

129 Ein lesenswerter Versuch, die Spannungen in den Auferstehungsberichten der Evangelien auszugleichen, ist zwar das Buch von K.Bürgener, *Die Auferstehung Jesu Christi von den Toten. Der Versuch einer Osterharmonie,* Berlin 1971, 210 S.; doch erscheint in der Einleitung zu diesem Werk noch immer ein Satz wie: »Nun ist es ja leider unbestreitbar, daß es tatsächlich Widersprüche und Fehler im Neuen Testament gibt – welches Werk von Menschenhand wäre ohne Fehler!«

lich-weltanschauliche Hypothesen wie das Evolutionsmodell als gegebene Norm hinzunehmen und von hier aus die Bibel zu hinterfragen – ein Versuch, der bei aller Vorläufigkeit unseres Faktenwissens doch dazu angetan ist, das Vertrauen in die Zuverlässigkeit der biblischen Uroffenbarung zu rechtfertigen.[130] Doch gibt es in unserem Land für eine bibeltreue Theologie noch viel zu tun.

Wie also soll sich ein Christ, der in Ehrerbietung Gott und seinem Wort gehorsam sein will, angesichts biblischer Problemstellen verhalten? Abschließend wollen wir dazu einige Hinweise zusammenstellen[131] 1) Im Glaubensgehorsam geht er von der göttlichen Wahrheit des inspirierten Wortes aus. 2) Stößt er auf Spannungen im Vergleich zweier biblischer Texte oder auf Spannungen im Verhältnis Bibel und Wissenschaft, so sollte das Gebet um Erkenntnis der Lösung ein wesentlicher erster Schritt sein (vgl.Dan.9,1ff; Jak.1,5). 3) Bei innerbiblischen, historischen oder theologischen Spannungen hilft oft ein genaues Beachten des Kontextes schon weiter: Sprechen die beiden Stellen wirklich von der gleichen Sache, oder geht es um ganz verschiedene Ereignisse und Themenkreise? Auf diese Weise etwa löst sich sehr einfach der für Luther so gewichtige »Widerspruch« zwischen Jak.2,24 und Rö.3,28: Paulus und Jakobus sprechen jeweils zu ganz verschiedenen Fragenkreisen. Paulus geht es um die Frage, ob der verlorene Sünder durch Werke oder durch Glauben allein gerechtfertigt wird, während Jakobus im Zusammenhang betont, daß sich echte Glaubensrechtfertigung anschließend in Gehorsamswerken zeigt. 4) Bei scheinbaren Unvereinbarkeiten zwischen Bibel und Wissenschaft sind zwei Fragen zu stellen: Erstens, habe ich die betreffende Bibelstelle auch richtig gedeutet, oder liegt der »Widerspruch« zur Wissenschaft lediglich in einer falschen Bibelauslegung meinerseits? Und zweitens: Ist das offenbar der Bibel widersprechende wissenschaftliche Ergebnis vielleicht doch – wie so oft! – ein vorläufiges Ergebnis, eine bloße Hypothese etwa, die bei näherem Kennenlernen der »Fakten« zu revidieren sein

[130] Als Beispiele seien lediglich genannt H.W.Beck, *Genesis – Aktuelles Dokument vom Beginn der Menschheit* (Reihe Wort u.Wissen Bd. 15), Stuttgart/Neuhausen, 1983, 64 S.; und W. Gitt, *Das biblische Zeugnis der Schöpfung* (Reihe Wort u.Leben Bd.4), Stuttgart/Neuhausen, 1983, 200 S. – Während diese neueren Untersuchungen anstelle der Evolutionshypothese zum Modell eines biblischen Kreationismus kommen, hatte E.Sauer, *Der König der Erde. Ein Zeugnis vom Adel des Menschen nach Bibel und Naturwissenschaft*, Wuppertal, 1959, versucht, von einem bibeltreuen Ansatz aus die biblische Urgeschichte mit einem theistischen Evolutionsmodell zu vereinbaren.

[131] Vgl. auch den Aufsatz von R.Möller, »Über den Umgang mit scheinbaren Widersprüchen in der Bibel«, *FUNDAMENTUM* 1/1984, besonders S.76–81.

wird? 5) Mit Gründlichkeit und Sorgfalt sollte, wo immer möglich, exegetisch und denkerisch ein Ausgleich gesucht werden, wenn sich Problemfelder und Spannungen zeigen. Allerdings sollten auf jeden Fall gewaltsame Harmonisierungsversuche unterbleiben, die sowohl der Bibel wie auch den Fakten Gewalt antun und schrifttreue Auslegungsarbeit eher diskreditieren. 6) Immer sollte man sich auch der Tatsache bewußt bleiben, daß manche Probleme nicht auf den Urtext zurückgehen, sondern durch fehlerhafte Textüberlieferung oder mangelhafte Übersetzungen bedingt sein können. 7) Schließlich muß betont werden, daß wir angesichts des großen historischen Abstandes von den in der Bibel berichteten Ereignissen, angesichts des nur vorläufigen Hypothesencharakters wissenschaftlicher Ergebnisse und nicht zuletzt angesichts des Stückwerkcharakters unseres eigenen Erkenntnisvermögens nicht alle Probleme werden lösen können. Vielleicht werden wir die Lösung später finden, vielleicht auf Antworten stoßen, die andere längst gegeben haben, vielleicht wird sich das eine oder andere Problem für uns auch nie lösen. Gott weiß die Antwort! Für uns soll jedenfalls gelten, daß wir bei offenen Fragen des Bibelverständnisses zurückhaltend urteilen, uns zu keinen die Bibel der Unzuverlässigkeit bezichtigenden, sachkritischen Ergebnissen und Aussagen verleiten lassen, die scheinbar kurz und bündig den gordischen Knoten einer Problemstelle zerhauen, aber grundsätzlichen Schaden zurücklassen, und daß wir uns im gehorsamen Glauben, im Denken wie auch im Handeln, der Wahrheit des von Gott gegebenen Wortes unterstellen.

# 3. Prinzipien der Bibelinterpretation

Dieser letzte Teil des Buches beschäftigt sich mit den Grundsätzen der Bibelauslegung; man könnte auch sagen, mit den Prinzipien oder der Theorie der Bibelinterpretation. Denn der Wert einer grundsätzlich bibeltreuen Schrifthaltung könnte sogleich dadurch wieder in Frage gestellt werden, daß in der Auslegungspraxis auf Grund unzureichender Interpretationsprinzipien die Schrift doch wieder verfälscht wird. Diese »Theorie«, die aller Auslegungspraxis zugrunde liegen muß, wird auch *Hermeneutik* genannt (von griech. *hermēneúein* = deuten, auslegen, erklären, übersetzen). Es geht dabei noch nicht um die praktisch-»handwerkliche« Anleitung zu den konkreten Einzelschritten der Auslegungsarbeit. Jetzt geht es nur um das Grundsätzliche.

Zunächst wenden wir uns der Entwicklung der neueren evangelikalen Positionen in der hermeneutischen Debatte zu. Eine Gesamtdarstellung der hermeneutischen Debatte seit dem Zweiten Weltkrieg würde den Rahmen unserer Arbeit sprengen. Es geht uns um die evangelikalen Alternativen. Diese wollen wir zunächst darstellen und kritisch sichten. Teils unter Berücksichtigung neuer Gesichtspunkte, teils in Synthese des Bisherigen, wollen wir dann versuchen, die Grundzüge einer bibeltreu-evangelikalen Hermeneutik weiterzuentwickeln.

## 3.1 Auf der Suche nach Alternativen zur radikalen Bibelkritik

### 3.1.1 Rudolf Bultmann und das neue Erwachen evangelikaler Theologie

Vielleicht darf man es einmal so überspitzt sagen: Nichts hat in unserem Land die Entwicklung einer evangelikalen Theologie so gefördert wie die radikale Bibelkritik **Rudolf Bultmanns** und seiner Schule in der Nachkriegszeit. Mehr als es gut war hatten sich die Pietisten zuvor in Resignation von der Theologie zurückgezogen und sich statt dessen der Pflege des geistlichen Lebens und der Evangelisation zugewandt. Und im Blick auf diejenigen, die doch das Theologiestudium ergreifen und Pfarrer werden wollten, konnte man sich ja immer damit trösten, daß es noch einige »positive« Theologieprofessoren gab – Männer wie Adolf Schlatter, Julius Schniewind, Karl Heim und Otto Michel. Die kritische Radikalität und breit wirkende Faszination der Existenztheologie Bultmanns – wie dann auch der Kerygmatheologie seiner Schüler Ernst Käsemann, Willi Marxsen, Gerhard Ebeling, Herbert Braun und schließlich Dorothee Sölle – bewirkte demgegenüber ein erschrecktes Aufwachen. Denn hier entstand offensichtlich ein neu-gnostisches Pseudochristentum, das die historischen Grundlagen des Glaubens kritizistisch zerstörte, indem es etwa die Historizität der Heilstatsachen im Leben Jesu als mythisch und irrelevant erklärte, und statt dessen mit Hilfe von Anleihen bei der Existenzphilosophie, bei Elementen der (nun seiner Grundlagen beraubten) reformatorischen Rechtfertigungslehre und später auch bei linkspolitischen Ideologien ein neu-christliches, in Wirklichkeit aber unchristliches Kerygma für den modernen Menschen schuf.

Schon früh erhoben sich Stimmen gegen Bultmanns Programm.[132] Breite Dimensionen erreichte der Widerstand aber erst in den 60er Jahren. Namen wie **Otto Rodenberg**[133], **Paul Tegtmeyer**[134], **Gerhard Bergmann**[135], **Walter Künneth**[136], **O.S.v.Bibra**[137], **Felix Flückiger**[138], **Erich Lubahn**[139] und **Hermann Feghelm**[140] markieren den Weg der sich entwickelnden literari-

[132] Unterzeichnet von Mitgliedern der Württembergischen Landessynode erschien 1951 ein Flugblatt mit dem Titel: »Es geht um die Bibel. Ein Wort an alle bibelgläubigen Kreise unserer evangelischen Kirche« (abgedruckt in: R.Bäumer(Hrg.), u.a., *Weg und Zeugnis*, Bad Liebenzell/Bielefeld,1980, S.127–129). 1952 veröffentlichte Pfr.Heinrich Jochums eine »Erklärung zur Lehre Bultmanns« (Teilabdruck ebd., S.130–132). – Schon 1948 erschien der Aufsatz von J.Schniewind, »Antwort an Rudolf Bultmann. Thesen zum Problem der Entmythologisierung«, *Kerygma und Mythos* Bd. 1, S.85–134 (Niederschrift bereits 1943); vgl. auch die Stellungnahme des Dozentenkollegiums der Theologischen Schule Bethel, »Bultmanns Entmythologisierung«, Bethel, 1952.

[133] O.Rodenberg, *Um die Wahrheit der Heiligen Schrift. Aufsätze und Briefwechsel zur existentialen Interpretation*, Wuppertal,1962, 144 S; ders., *Die Gemeinde Jesu Christi und die Bibel*, Wuppertal,1966, 111 S.

[134] Wichtig u.a. als Verfasser des »Hirtenbriefs des Bethel-Kreises«: »Laß doch Dein Licht auslöschen nicht. Ein Brief an die Gemeinde Jesu zur Lage« (abgedruckt in: *Weg und Zeugnis*, S.103–108), aus dem Jahr 1963.

[135] G.Bergmann, *Alarm um die Bibel*, Gladbeck, 1963 (bereits 1965 4.Aufl. und 60 000 Exemplare!); ders., *Kirche am Scheideweg. Glaube oder Irrglaube*, Gladbeck 1970 (21.–30.Tausend!).

[136] W.Künneth, *Von Gott reden? Eine sprachtheologische Untersuchung zu J.A.T.Robinsons Buch »Gott ist anders«*, Wuppertal, 1965, 78 S.

[137] O.S.v.Bibra, *Nein! Antwort an die Existentialtheologie*, Marburg,1966, 28 S.

[138] F.Flückiger, *Existenz und Glaube. Kritische Betrachtungen zur existentialen Interpretation*, Wuppertal,1966, 108 S.

[139] E.Lubahn, *Das Wort sie sollen lassen stahn! Eine Stellungnahme zur »modernen Theologie,«* Stuttgart, 1967, 73 S.

[140] H.Feghelm, *Um die rechte Auslegung der Bibel*, Bad Liebenzell,1967, 78 S.

schen Diskussion auf pietistisch/evangelikaler Seite. Nur vereinzelt wurden in diesen Jahren Stimmen laut, die über die Ablehnung der Bultmann-Theologie hinaus den historisch-kritischen Umgang mit der Bibel überhaupt sowie auch gemäßigt-kritische Positionen ablehnten.[141]

### 3.1.2 Der »Bethel-Kreis« und die »pneumatische« Schriftauslegung

Einige der genannten – etwa Rodenberg, Tegtmeyer, Bergmann, Künneth – trugen durch ihre Arbeit zusammen mit anderen evangelikalen Theologen zur Entstehung einer innerkirchlich bedeutenden »Bekenntnisbewegung« bei, die sich aus dem »Bethel-Kreis« heraus entwickelte. **Paul Tegtmeyers** *Hirtenbrief* von 1963, der typischer Ausdruck der Theologie des »Bethel-Kreises« sein dürfte, ist noch in anderer Hinsicht wichtig. Er wird meines Erachtens zum Grunddokument jener hermeneutischen Richtung im evangelikalen Lager, die sich besonders mit dem Ansatz einer »pneumatischen Schriftauslegung« beschäftigt. Der *Hirtenbrief* betont in aller Schärfe die Unfähigkeit der gefallenen menschlichen Vernunft zur rechten Offenbarungserkenntnis und umgekehrt die Notwendigkeit der Wirkung des Heiligen Geistes für den Vollzug rechter Theologie:

141 Zu nennen ist vor allem der »Bibelbund« mit seiner Zeitschrift *Bibel und Gemeinde*, dessen damaliger Vorsitzender, Pfr.Dr.S.Külling, nicht nur die herkömmliche Literarkritik an den Mosebüchern hinterfragte (ders., *Zur Datierung der Genesis-P-Stücke*, Kampen, 1964, 322 S.), sondern sich auch gegen jede gemäßigte Bibelkritik wandte (so in ders., »Das Übel an der Wurzel erfassen«, Bettingen, 1966, S.6f, gegen die Position G.Bergmanns, *Vom Geheimnis der Bibel*, Gladbeck,1963, S.16, die Bibel sei in geschichtlichen und naturkundlichen »Nebenfragen« nicht notwendig unfehlbar). Bezeichnend ist allerdings, daß Külling sich damals zugleich als jemanden bezeichnet, »der selbst noch am Fragen ist« (ders., »Sollen wir den ›Fundamentalismus‹ verteidigen?«, Liebenzell,1965, S.3, vgl.S.19), daß er »die ursprüngliche ›Irrtumslosigkeit‹« der biblischen Schriften »für nicht nachweisbar« hält (ebd., S.8) und die Begriffe »Unfehlbarkeit« und »Irrtumslosigkeit« lieber durch andere, »positive« Ausdrücke ersetzt haben will (ebd., S.6ff.20), zugleich aber die uneingeschränkte Wahrheit, Zuverlässigkeit und Autorität der biblischen Schriften festhält (ebd., S.19f). – Der damaligen Zeit entsprechend ist es auch typisch, daß ein konservativer Mann wie O.S.v.Bibra noch ganz unbefangen schreiben konnte: »Ich halte die historisch-kritische Arbeit am Neuen Testament durchaus für berechtigt, solange man sich dabei ihrer Grenzen bewußt bleibt und sich an die eine unabdingbare Voraussetzung bindet: daß nämlich die Heilige Schrift als iudex, norma et regula für alle kirchliche Lehre anerkannt wird« (ders., *Nein! Antwort . . .*, S.5). Obwohl der Sache nach Bibel-Kritik bereits grundsätzlich abgelehnt wird, zeigt sich noch Unsicherheit im Sprachgebrauch.

»Bei den vielen, sehr verschiedenen, sich gegenseitig oft widersprechenden Aussagen der genannten theologischen Richtung liegt die Wurzel des Schadens in dem Irrtum, ›die großen Taten Gottes‹ in der Geschichte seien der von Gott entfremdeten und für ihn erblindeten Vernunft des gefallenen Menschen zugänglich. Unser Verstand bedarf der Heilung und Erleuchtung durch den Heiligen Geist für sein theologisches Forschen und Deuten des Offenbarungswortes in der Schrift.«[142] Von diesem biblischen Ansatz aus ist es klar, daß Theologie kein neutrales wissenschaftliches Geschäft mit wechselnden Theorien sein kann. Falsche Theologie erweist sich vielmehr als Sünde gegen Gott und ein Vergreifen an Gottes Volk: »Es handelt sich hier nicht um das, was Paulus 1.Kor.13,9ff schreibt: ›Unser Wissen ist Stückwerk und unser Weissagen ist Stückwerk . . .‹ Es geht heute nicht um diese unvermeidliche Vorläufigkeit unseres Redens. Es sind vielmehr unsere theologischen Einfälle aus vorgefaßten Meinungen, Eitelkeiten, ›Geist‹-losigkeiten; noch mehr: unser selbstsicheres Meistern der Offenbarung, die zur Sünde am Volke Gottes werden . . .«[143] Die Buße angesichts falscher Theologie, sowie die Ermöglichung rechter Theologie durch das Kreuz und durch das erleuchtende Handeln des Heiligen Geistes werden Grundelemente der vom »Betheler Kreis« ausgehenden hermeneutischen Richtung. In aller Eindringlichlichkeit wurde diese Linie dann von **Hellmuth Frey**[144] – der selbst allerdings noch manchen Ergebnissen der historisch-kritischen Forschung verhaftet blieb – und später in grundsätzlich bibeltreuer Weise von **Armin Sierszyn**[145] fortgeführt.

Bei Sierszyn zeigt sich aber auch schon deutlich, daß dieser »pneumatische« Ansatz zu einer recht prinzipiellen Methodenskepsis tendiert. In einer festen Methode der Bibelauslegung wird die Gefahr gesehen, daß sich die sündige Vernunft des Menschen – auch des frommen Menschen! – der Offenbarung bemächtigt und die Bibel in den Griff bekommen will. Sierszyn schreibt: »Der moderne Methodenbegriff hat durchaus sein Recht im irdisch-natürlichen Bereich . . . (Aber) gefährlich wird die Sache, wenn man dasselbe auf den Bereich des Geistlichen . . . überträgt, wenn also solche Methodik dazu eingesetzt wird, sich das Wort Gottes ›untertänig‹ zu ma-

[142] »Hirtenbrief des Bethel-Kreises«, aaO., S.106.

[143] ebd., S.107.

[144] H.Frey, *Die Krise der Theologie. Historische Kritik und pneumatische Auslegung im Lichte der Krise*, Wuppertal,1971, 88 S. – Frey machte den »pneumatischen« Ansatz Carl Girgensohns (1875–1925) fruchtbar und führte ihn fort.

[145] A.Sierszyn, *Die Bibel im Griff? Historisch-kritische Denkweise und biblische Theologie*, Wuppertal, 1978, 156 S.

chen. Dieses Vorgehen hat seine biblische Entsprechung in Evas Griff nach der Frucht (1.Mose3,6f) und entspricht der urheidnischen Haltung und Denkstruktur.«[146] Dem herkömmlichen Methodendenken wird zunächst ein christologisches Argument entgegengesetzt: »Sein ›ohne mich könnt ihr nichts tun‹ (Joh.15,5) dürfen wir als große Befreiung empfinden! Er selber ist uns als Weg auch für die Theologie gegeben ... Diese Tatsache mahnt uns zur grundsätzlichen Vorsicht gegenüber allzu schnellem Vorschalten von technischen Methoden und Auslegungsgesetzen beim Hören und Studieren des Schriftwortes, weil dadurch die Unmittelbarkeit des gottgehauchten lebendig-gegenwärtigen Wortes uns gegenüber, aber auch unsere unmittelbare Hörfähigkeit dem durch dieses Wort Redenden gegenüber gefährdet oder gar unterbunden werden könnte. Welche Braut liest die Liebesbriefe ihres Bräutigams vermittels bestimmter Methoden und aus kritischer Distanz? Doch nur die, welche aus der Liebe gefallen ist und den Worten ihres Bräutigams nicht mehr unmittelbar vertraut!«[147] Und zugleich wird ein pneumatologisches Argument angeführt: Das »Schriftwort ist als geistgehauchtes Wort des Herrn ein lebendiges Wort; der Weg der Auslegung dieses lebendigen Wortes kann darum nicht von vornherein durch ein Arsenal technischer Methoden festgelegt sein. Schriftauslegung ist immer ein Nachdenken und Nachzeichnen der ›Selbstoffenbarung‹ des Geistes Gottes, wie er sich im ganzen Wort der Schrift offenbart.«[148] Von daher schlägt Sierszyn vor: »So ist es auch besser, wenn wir bei der bibeltreuen Auslegung nicht von biblischer Methode oder pneumatischer Methode sprechen ... *Oder:* wir fassen den Methodenbegriff viel weiter, indem wir erklären, die wahre ›Methode‹ sei das Tun der Sache selber, konkret: der Weg, den der Herr uns durch sein Offenbarungswort weist ... Wissenschaftlich ist hier nicht mehr, was nach den Gesetzen einer bestimmten und feststehenden Methode sein sollte oder müßte, sondern vielmehr das, was ist und sich seinen Weg selber sucht und findet ... Kongenialität und Exaktheit spielen die entscheidende Rolle.«[149]

Aus diesem Ansatz spricht Liebe und Vertrauen zu Gott und seinem Wort. Auch wird hier einem Bibelverständnis das Wort geredet, das nicht eine Klasse theologischer Fachleute als im Grunde allein zuständig für die Auslegung der Schrift privilegiert, sondern so,

146 ebd., S.78. – Man vergleiche dazu S.Findeisen, *Krelinger Rundbrief* Nr.12(Juli 1981), S.12–15, der den gleichen Ansatz vertritt.

147 ebd., S.72.

148 ebd., S.78–79.

149 ebd., S.80+81.

wie Sierszyn es fordert, kann jeder gläubige Mensch – ob theologisch gebildet oder nicht – das Wort Gottes als Suchender und Hörender lesen. Zugleich aber entsteht die Gefahr des willkürlichen Umgangs mit der Schrift, der Subjektivität und Unüberprüfbarkeit auslegerischer Ergebnisse, die nur noch für den einzelnen gelten – und vielleicht für jeden anders lauten. Ein Beispiel möge das verdeutlichen. Wie allgemein bekannt ist, besitzen wir die Urschrift der neutestamentlichen Schriften nicht mehr, dafür aber tausende von Abschriften von früher Zeit an, die in manchen Kleinigkeiten voneinander abweichen. Diese unterschiedlichen »Lesarten«, die in unseren griechischen Bibeln in Auswahl unten auf jeder Seite aufgeführt sind, müssen nun verglichen werden, um so dem Urtext möglichst nahezukommen. Dieses Vorgehen nennt man »Textkritik« oder besser: »Textfindung«. Spätestens seit Johann Albrecht Bengel gibt es für diesen Lesarten-Vergleich bestimmte Vorgehensregeln, die jeder Theologe kennt. Es gibt also eine Methode der Textfindung. Aber mit »Methoden« tut sich Sierszyn ja schwer. Entsprechend will er auch nicht einfach nach vernunftgemäßen Regeln vorgehen, sondern er fordert als Vorgehensprinzip »die Glaubensvernunft, die Vernunft aus dem Glauben. Damit wird . . . bestritten, daß die biblische Wortfindung lediglich ein Akt vernünftiger philologischer Arbeit sei. Kritische Letztinstanz ist die im Gekreuzigten und Auferstandenen gegebene Mitte. Der Bezug zu dieser Mitte darf gerade bei der Wortfindung nicht ausgeklammert werden . . . Wohl kann das Bezeugtwerden einer Lesart in einer gewichtigen Handschrift von ausschlaggebender Bedeutung sein, doch liegt die letztentscheidende Instanz nicht in diesen Gesetzen, sondern sie kann nur im Glauben geschehen, und dieses Gesetz dient uns als Hilfe.«[150] Konkret sieht das dann so aus: »Es ist durchaus möglich, daß einmal eine schlechter bezeugte Lesart die richtige ist, denn wenn es Gottes Wesen ist, daß er sich gerne das erwählt, was vor der Welt töricht und schwach ist . . ., dann ist durchaus damit zu rechnen, daß es dem Heiligen Geist gefallen könnte, sich auch einmal mit einer schwächer bezeugten Lesart zu verbinden, um die Weisheit einer in sich selbst starken Theologie zu durchkreuzen, auf daß der Ruhm zuletzt allein Gottes sei! Doch damit soll lediglich eine Möglichkeit angedeutet sein, aus der wir kein Prinzip machen dürfen.«[151] Letztlich könne nur vertraut werden, »daß der Herr der Schrift selber dafür sorgt, daß sich in seiner hörenden und gehor-

[150] ebd., S.121–122.
[151] ebd., S.122–123.

chenden Gemeinde die rechte Lesart immer wieder durchsetzen wird . . .«.[152] Entscheidungen, die auf diese Art fallen, können letztlich nicht mehr begründet und kommuniziert werden. Sie haben im Grunde ihre Geltung und Autorität nur für den, der sie getroffen hat. Eine Gefahr dieser Vorgehensweise ist die – vielleicht von besten Motiven getragene – Willkür.

### 3.1.3. Methodische Alternativen zu Kerygmatheologie und Historischer Kritik

Einen anderen Weg schlägt der Kirchenhistoriker **Ernst-Wilhelm Kohls** ein. Während die pneumatische Auslegung der »Betheler« Richtung trotz aller betonten Christozentrizität praktisch doch den erleuchteten Ausleger mit seinem subjektiven Verständnis in die Mitte rückt und sich darin (ungewollt) der modernistischen Neuen Hermeneutik annähert, der es – unter ideologisch bedingter Absehung von den historischen Grundlagen – um das existentielle Getroffenwerden von den Textaussagen, um das Gewinnen eines neuen Selbstverständnisses durch den (gar nicht mehr in seinem ursprünglichen Sinn verstandenen) Text geht, betont Kohls die konsequente Ausrichtung auf die historisch-philologischen Grundlagen, auf die genaue Untersuchung »wie es gewesen« (Leopold von Ranke).[153] Entschlossen setzt er sich für »die Rückgabe des Bedeutungsprimats von der Person des Deuters an die inhaltlichen Selbstaussagen vorgegebener Texte und Ereignisse« ein.[154] Diese Forderung ruft einerseits nach gründlicher historischer Arbeit, andererseits sperrt sie sich aber auch gegen jede Methodenvergötzung, bei der die zur Weltanschauung gewordene Methode den Text vergewaltigt: »Sowohl die Deutung als auch die Methode sind der historischen Sache unterzuordnen – nicht umgekehrt.«[155]

Das gleiche, gegen den Ansatz der Kerygmatheologie gerichtete Anliegen wie Kohls vertritt auch – fast zehn Jahre später – **Karl-Heinz Michel,** nur detaillierter und unter stärkerer Bezugnahme auf die biblische Offenbarung.[156] Gegenüber einer kerygmatheolo-

152 ebd., S.123.

153 E.W.Kohls, *Vorwärts zu den Tatsachen. Zur Überwindung der heutigen Hermeneutik seit Schleiermacher, Dilthey, Harnack und Troeltsch,* Basel, ²1973, 56 S.

154 ebd., S.15.

155 ebd., S.16.

156 K.H.Michel, *Sehen und Glauben. Schriftauslegung in der Auseinandersetzung mit Kerygmatheologie und historisch-kritischer Forschung,* Wuppertal,1982, 63 S.

gischen Hermeneutik, wie sie etwa G.Ebeling vertritt, die kaum mehr an den geschichtlichen Grundlagen tatsächlichen Offenbarungshandelns Gottes interessiert ist und sich statt dessen lediglich für die existentielle Bedeutsamkeit von Wort und Verkündigung interessiert (*»verbum* statt *factum*«!), formuliert Michel ein evangelikales Gegenprogramm: »Wir müssen darum kämpfen, daß die Symbiose von nur sekundär am Historischen interessierter Wort-Theologie und überzogener historischer Kritik durchbrochen wird zugunsten einer besseren Symbiose von verantwortlich-solider historischer Forschung und heilsgeschichtlich orientierter Theologie, welche die Verkündigung der ›großen Taten Gottes‹ (Apg.2,11) in neuer Glaubwürdigkeit und Kraft auszusagen vermag.«[157] Konsequent entlarvt er das historisch-kritische Vorurteil der Kerygmatheologie, das sich folgendermaßen zusammenfassen läßt: »Glaube hat es mit Gott zu tun; Gott aber kommt nur in der Verkündigung vor. Die Geschichte ist eine rein profane Angelegenheit; die Verkündigung kann ihr ein Eingreifen und Handeln Gottes zusprechen, kann historische Ereignisse religiös interpretieren; aber das gilt dann eben nur im Wort, nur für den Glauben, und ist historisch-wissenschaftlich überhaupt nicht zu erfassen. Mit dieser Überzeugung ist die Grundposition der Kerygmatheologie umrissen. Und genau diese Grundposition gilt es zu bekämpfen!«[158] Michel wehrt sich gegen den von Gerhard Ebeling (im Anschluß an Troeltsch) formulierten »generellen Grundsatz historischer Betrachtung, daß selbstverständlich alles natürlich und mit rechten Dingen zugegangen und die Überlieferung darauf zu reduzieren sei.«[159] Demgegenüber betont er das biblische Zeugnis von der geradezu sinnenhaften Wirklichkeit Gottes in seinen geschichtlichen Offenbarungen. Und er folgert: »Wenn die Bibel geradezu die Sinnenhaftigkeit der Offenbarung Gottes bezeugt, ist nicht einzusehen, warum wissenschaftliche Forschung dem geschichtlichen Handeln Gottes nicht wenigstens auf die Spur kommen sollte ... Die für die Methode entscheidenden Fragen lauten nun: Wie wird die biblische Geschichte als Gott offenbarende Geschichte recht wahrgenommen und erkannt? Braucht man dazu Augen, die zuvor vom Glauben geöffnet wurden, so daß erst der Glaubende Gott in seiner Geschichte erkennt? ... Der hier geistesgeschichtlich anstehenden Entscheidung kann keiner ausweichen: entweder ein geschlossenes Weltbild, in dem Gott nicht vorzu-

[157] ebd., S.15.
[158] ebd., S.33.
[159] Zitiert ebd., S.31 (Ursprünglich: G. Ebeling, *Dogmatik des christlichen Glaubens* Bd.II, Tübingen,1979, S.379).

kommen hat und darum auch nicht erkennbar sein darf, oder eine bruchlose Offenheit unseres Weltbildes zu Gott hin, in der jedem die Möglichkeit gegeben ist, Gott in seiner Offenbarung zu erkennen.«[160] Michel selbst entscheidet sich für die zweite Möglichkeit, was methodisch für ihn ein klares Nein zu der von Ernst Troeltsch formulierten historisch-kritischen Methode bedeutet, bei gleichzeitiger Bejahung einer »offenen historisch-wissenschaftlichen Methode«. Diese Methode muß zugleich Geschichtserkenntnis und (in dieser!) Gotteserkenntnis leisten können. Indem sie den Spuren Gottes in der Geschichte sorgfältig nachgeht, muß sie auf ihn stoßen.[161]

Michels Beitrag für die hermeneutische Diskussion ist meines Ermessens wichtig und äußerst lesenswert. Mit großer Entschiedenheit wird hier die zentrale Bedeutung der Geschichtlichkeit der Offenbarung Gottes herausgestellt. Gott hat ereignishaft in der Heilsgeschichte gehandelt. Theologische Bedeutsamkeiten ohne offenbarungsgeschichtliche Fakten gibt es nicht. Und dem Offenbarungshandeln Gottes in der Geschichte gegenüber erweist sich die weltanschaulich auf die Immanenz verengte historisch-kritische Methode als völlig unangemessen. Dagegen werden neue, offene und damit angemessenere Methoden gefordert. Allerdings würde ich an dieser Stelle gerne noch ein »Vorsichtsschild« anbringen. Michel scheint ein wenig der Gefahr zu erliegen, die sich bildhaft so ausdrücken läßt: »Wenn das Boot links zu kentern droht, lehne ich mich instinktiv ganz weit nach rechts!« Gegenüber jenen, die in der Geschichte gar nichts Offenbarungsmäßiges mehr sehen wollen und einen ungeschichtlich doketischen »Glauben« vertreten, ist für Michel im Blick auf die Wahrnehmung des göttlichen Handelns in der Geschichte plötzlich nur noch vom Sehen, aber so gut wie nicht mehr vom Glauben die Rede. Er ist ja überzeugt: »Daß ein Handeln Gottes in dieser Welt mit ihren (!) Mitteln und Methoden nicht zu erkennen wäre, ist geradezu nicht biblische, sondern kantische Lehre!«[162] Diese Position, die nicht nur in Antithese zur historisch-kritischen Kerygmatheologie, sondern im Grunde auch zum evangelikalen »pneumatischen« Ansatz steht, läßt doch einige Fragen offen: 1) Ist mit dem Plädoyer für eine weltanschaulich offene historische Methode nicht wieder lediglich der Weg zu geschichtlichen Wahrscheinlichkeitsurteilen geöffnet, der nicht zu Gewißheiten hinsicht-

[160] ebd., S.37.

[161] Vgl. K.H.Michel, »Die Bibel im Spannungsfeld der Wissenschaften«, *ThBeitr* 10(1979), S.218.

[162] K.H.Michel, *Sehen und Glauben*, S.39. (Hervorhebung durch d.Verf.)

lich der Offenbarungsereignisse führen kann? 2) Müßte dieser methodischen Forderung nicht ein Wort zum inspirierten Offenbarungscharakter der Bibel zur Seite treten, durch das wir Klarheit über die Zuverlässigkeit der biblischen Offenbarungszeugnisse erhielten? 3) Müßte nicht ein hermeneutisches Schriftwort wie das, daß »der natürliche Mensch nichts vom Geist Gottes vernimmt« (1.Kor.2,14 LÜ), mit bedacht werden, wenn davon gesprochen wird, daß die Welt Gott »mit ihren Mitteln und Methoden« erkennen kann? 4) Von daher bleibt die Frage, ob sich Michels Erkenntnisse etwa durch einige berechtigte Einsichten des »pneumatischen Ansatzes« ergänzen und damit verbessern ließen. Die Rolle des Pneumas im Erkenntnisprozeß wäre biblisch zu klären!

Der Mann, der die evangelikale hermeneutische Diskussion der 70er und frühen 80er Jahre zweifellos am stärksten geprägt und befruchtet hat, ist **Gerhard Maier.**[163] Seine Ablehnung der historisch-kritischen Methode und sein Einsatz für eine der göttlichen Offenbarung mit Ehrfurcht, Offenheit und Gehorsam begegnende »historisch-biblische Methode« schlägt eine Schneise zwischen den verschiedenen Spielarten der Bibelkritik zur Linken, und der Methodenskepsis der »pneumatischen« Ausleger zur Rechten. Gegenüber der zuletztgenannten Position betont er die Notwendigkeit historischer Forschung und methodischen Vorgehens: »Die historische Erforschung der Bibel ist notwendig, und zwar vor allem aus zwei Gründen: a) Die Bibel ist auch ein Geschichtsdokument, so daß geschichtliche Forschung unsere Erkenntnis erweitern und vertiefen kann. b) Die historische Schriftforschung kann zur Korrektur schwärmerischer oder traditioneller Urteile führen.«[164] Und: »Wenn wir die historische Erforschung der Bibel bejahen, schließt dies die Bejahung einer wissenschaftlichen Methode ein. Eine solche Methode ist nötig: a) zur gegenseitigen Verständigung, b) zur Apologetik, c) zur denkerischen Mission.«[165] Erstaunlicherweise – und das ist

[163] G.Maier, *Das Ende der historisch-kritischen Methode*, Wuppertal,1974, 95 S.; ders., *Wie legen wir die Schrift aus?*, Gießen, 1978, 46 S.; dazu folgende Diskussionsbeiträge: H.Lindner, »Widerspruch oder Vermittlung?«, *ThBeitr* 7(1976), S. 185–197; P. Stuhlmacher, »Biblische Theologie und kritische Exegese«, *ThBeitr* 8(1977), S.88–90; G.Maier, »Einer biblischen Hermeneutik entgegen?«, *ThBeitr* 8(1977), S.148–162; P.Stuhlmacher, »Hauptprobleme und Chancen kirchlicher Schriftauslegung«, *ThBeitr* 9(1978), S. 53–69; H.Hempelmann, u.a., »Zum Thema: Biblische Hermeneutik. Tübinger Studenten im Gespräch mit G.Maier und P.Stuhlmacher«, *ThBeitr* 9(1978), S.222–234.

[164] G.Maier, *Wie legen wir die Schrift aus?*, S.25.

[165] ebd., S.30.

ein eigentümlicher Zug bei Gerhard Maier – kennt er daneben noch ganz andere Zugänge zur Heiligen Schrift: »Die historische Erforschung der Bibel ist nur ein Zugang zu ihrer Botschaft. Neben diesem Zugang stehen berechtigterweise andere Wege der Schrifterklärung, z.B. der dynamische, der dogmatische oder der spirituelle.«[166] Ob dieses ungesichtete Nebeneinander von »Zugängen« zur Bibel nicht doch wieder den Zugang zu dem ursprünglichen Sinn der Schrift verbaut, und die Bibel allzu schnell dem Subjektivismus ausliefert, läßt sich fragen. Wie schon Sierszyn sucht auch G.Maier eine Lanze zu brechen für die Legitimität und Durchführbarkeit rechter Auslegung durch den glaubenden Nicht-Theologen. So berechtigt dieser Einsatz für das »allgemeine Priestertum« der Gläubigen ist, so sehr ist doch zu fragen, ob der Inhalt des Arguments nicht besser anders zu formulieren und zu begründen wäre.

In seiner neuesten Veröffentlichung zum Thema Schriftverständnis tritt Maier in näheren Dialog mit den Vertretern der »pneumatischen« Auslegung und sucht in der Zusammenschau von »Geist« und »Methode« eine biblische Synthese zu formulieren.[167] Auf dem Hintergrund der Tatsache, daß der Heilige Geist durch die Inspiration das Schriftwort bewirkt hat[168], wird die Frage nach der Bedeutung des Geistes für die Auslegungsarbeit gestellt.[169] Dabei zielt Maier nicht auf eine »pneumatische Methode«, sondern es geht ihm um den »inspirierten Ausleger«.[170] Der Geist will beim Hörer und Ausleger des Wortes Christuserkenntnis (2.Kor.4,6), Glauben und Umgestaltung des Lebens (Joh.3,8) wirken. Während »ein Bibelausleger, der sich der Wiedergeburt durch den Heiligen Geist verweigert, in einen existentiellen Widerspruch zu der Botschaft gerät, die er auslegen will«, ergibt sich als Kehrseite, »daß der persönliche Glaube an Jesus Christus kein Fehler, sondern eine Hilfe im Auslegungsprozeß ist«.[171] Der vom Geist zum Glauben geführte Ausleger geht mit einem Vertrauensvorschuß an die Schrift heran.[172] Und weil der Geist den Glaubenden in die Gemeinschaft der Heiligen einbindet, läßt dieser sich durch die anderen Glieder dieser Gemeinschaft aus Vergangenheit und Gegenwart korrigieren und beleh-

[166] ebd., S.27.
[167] G.Maier, *Heiliger Geist und Schriftauslegung*, Wuppertal,1983, 45 S.
[168] ebd., S.9–19.
[169] ebd., S.21ff.
[170] So schon in: ders., *Wie legen wir die Schrift aus?*, S.17, unter Bezugnahme auf Girgensohn: ». . . ›pneumatisch‹ ist gar nicht die Exegese, sondern der Exeget.«
[171] Ders., *Heiliger Geist . . .*, S.23.
[172] ebd., S.23.

ren.[173] In die Methodenfeindlichkeit führt der Geist Gottes allerdings nicht. Er fordert ja die denkerische Mission (1.Pt.3,15), fordert auf, den Verstand einzusetzen (1.Kor.14,19ff), erneuert diesen Verstand (Rö.12,2), und hat offensichtlich auch bei der Inspiration der biblischen Schreiber methodisches Vorgehen nicht ausgeschlossen (Lk.1,1–4; Apg.1,1f). Von daher spricht sich Maier ausdrücklich für eine historische Methode aus, erneuert aber zugleich sein Plädoyer für die »Mehrdimensionalität der Schriftauslegung«, das heißt für die zusätzliche Berechtigung glaubensmäßiger, spiritueller, typologischer und allegorischer Auslegung, wie sie in der Bibel, im Judentum und in der glaubenden Gemeinde immer wieder vorgekommen ist.[174]

Die entschlossene Ablehnung der historisch-kritischen Methode im Umgang mit der Bibel sowie die Betonung gründlich-methodischer Arbeit verbunden mit der konsequenten existentiellen Einstellung auf den Offenbarungsanspruch der Schrift sind die großen Verdienste Gerhard Maiers in der Entwicklung einer bibeltreuen Hermeneutik. Wenngleich sein Entwurf auch noch Fragen offenläßt,[175] ist der Diskussion in den genannten Punkten durch ihn doch die Richtung gewiesen.

173 ebd., S.24f.

174 ebd., S.25–28 u.34.

175 Nennen möchte ich drei Gebiete: (1) Die ungeschützte Freigabe einer »Mehrdimensionalität« der Schriftauslegung scheint mir zwar vom Grundanliegen (»Laienexegese«) her bedenkenswert, in der Abspaltung von geordneten Auslegungswegen aber gefährlich. (2) Offengelassen hat G.Maier die Frage, ob man wirklich die Irrtumslosigkeit der Schrift aussagen kann, oder ob gewisse, Gottes Heilspläne nicht störende Fehler im Original trotz Inspiration zugelassen wurden; s. ders., *Wie legen wir die Schrift aus?*, S.39f. Im »Newsletter« der Gemeinschaft europäischer evangelikaler Theologen, Nr. 6, Mai 1983, S.10, stellt er allerdings selbst die Frage (im Rahmen einer Buchbesprechung zur Inspirationsthematik): »Wie vereinen sich Irrtumsfähigkeit und Zuverlässigkeit der Schrift? Auch das ist ein Kardinalproblem aller Evangelikalen, die auf den Begriff der ›inerrancy‹ verzichten. Es ist ja deutlich, daß die Menge festgestellter oder vielleicht auch scheinbarer Irrtümer bald die Zuverlässigkeit der Schrift gefährden kann und damit auch die Inspirationsauffassung.« (3) Wünschenswert wäre auch eine detailliertere Anleitung zu den Arbeitsschritten einer »historisch-biblischen« Methode gewesen; entsprechende Ansätze in ders., *Das Ende der historisch-kritischen Methode*, S.80–89, sind noch allzu knapp.

## 3.2. Vorverständnisse und Methoden bei der Schriftauslegung

Wir leben in einer wissenschaftsbestimmten und weithin auch wissenschaftsgläubigen Zeit.[176] Die moderne Werbung weiß das auszunützen: Ob es sich um Vaters Zahncreme, oder um Mutters neuestes Waschpulver handelt, immer verbürgt die Herstellung »nach dem neuesten Stand der Wissenschaft« die Vertrauenswürdigkeit und den Absatz des Produkts. Ähnlich klingt oft die Werbung für den historisch-kritischen Umgang mit der Bibel. Die historisch-kritischen Methoden verbürgen scheinbar die »Wissenschaftlichkeit« der exegetischen Ergebnisse und machen die Theologie salonfähig im Chor der übrigen Wissenschaften. Wer dann in diesem Sinn nicht »kritisch« an die Bibel herangeht, setzt sich leicht dem Vorwurf der »Unwissenschaftlichkeit« aus.

### 3.2.1 Die Notwendigkeit angemessener Methoden bei der Bibelauslegung

Nun besteht tatsächlich aber das Kennzeichen von Wissenschaftlichkeit nicht darin, daß man die Methoden und Maßstäbe anderer Wissenschaftszweige an die eigene Disziplin heranträgt. Wahre »Wissenschaftlichkeit« besteht in der *Sachgemäßheit* der angewandten Methoden. So kann man die Qualität eines 100-Meter-Weltrekordlaufs nicht mit dem Zollstock messen, sondern man muß sich schon einer präzisen Stoppuhr bedienen. Und einem Oratorium von Johann Sebastian Bach wird man musikalisch kaum gerecht, wenn man mit Akribie Papier und Tinte des Originalmanuskripts chemisch analysiert, denn hier müssen künstlerische Interpretationsmethoden zur Anwendung kommen. Entsprechend erweist die Theologie ihre wissenschaftliche Ernsthaftigkeit nicht damit, daß sie die Methoden anderer Wissenschaftsdisziplinen übernimmt – und diese dann noch, wie ein Vergleich des theologischen Kritizismus mit dem sehr viel zurückhaltenderen Umgang der Historiker und Philologen mit ihren Dokumenten zeigt, kritizistisch übersteigert! Vielmehr ist die Theologie daran zu messen, ob ihre Methoden ihrem Erkenntnisgegenstand, der Bibel, und deren Inhalt, bei dem es um den lebendigen Gott geht, angemessen sind.

[176] C.F.v.Weizsäcker, *Die Tragweite der Wissenschaft* Bd. 1, $^{5}$1976, S.3, spricht von der Wissenschaftsgläubigkeit als »der herrschenden Religion unserer Zeit«. (Teilweise ist diese Haltung aber auch schon wieder am Schwinden zugunsten einer romantischen Aussteigermentalität und Zuflucht zum Irrationalen.)

Wie in diesem Buch schon im einzelnen ausgeführt wurde (vgl. Abschnitte 2.1 und 2.2), steht uns die Bibel als von Menschen in geschichtlichen Situationen unter Inspiration des Heiligen Geistes verfaßtes Werk in ihrem Doppelcharakter als wahres Menschenwort und wahres Gotteswort gegenüber. In menschlichen Sprachen und konkreten Geschichtszusammenhängen verfaßt, ist sie zugleich Offenbarungswort mit uneinschränkbarem Wahrheitsanspruch und lebensveränderndem Machtcharakter. Als literarisches Werk verlangt sie zu ihrem Verständnis *exakte philologische Methoden.* Als ein in geschichtliche Situationen hinein verfaßtes Buch, das zugleich viel von geschichtlichen Vorgängen berichtet, ruft sie nach *historischen Arbeitsmethoden.* Als durchgängig wahres Gotteswort, das vom Einbruch der Offenbarungswirklichkeit Gottes in diese Welt berichtet und selbst Offenbarung Gottes ist, verlangt dieses Buch von seinem Ausleger *nicht nur Offenheit für die transzendente Dimension* der geschichtsmächtigen Wirklichkeit Gottes und anderer jenseitiger Realitäten, *sondern zugleich die gehorsame Beugung der selbstherrlichen menschlichen Vernunft unter dieses Wort in jeder Hinsicht.* Schließlich ruft der Anspruch, daß Gott durch dieses lebendig-wirkkräftige Wort zum Menschen reden und an ihm lebensverändernd wirken will, den Ausleger zu der *Bereitschaft, sich dem Wort nicht existentiell zu verschließen, sondern unter Gebet und in Hörbereitschaft alle Arbeit an diesem Wort zu tun.*

### 3.2.2 Kein Sonderzugang zur Schrift für »Laien«

Angesichts der soeben erfolgten grundsätzlichen Bejahung angemessener Methoden für die Schriftauslegung könnte zum einen gefragt werden: Ist all dieses Reden von »Methoden« nicht etwas, was nur den theologischen Fachmann angeht, wenn er sich »berufsmäßig« mit der Bibel beschäftigt? Kann der einfache Christ, für den die Bibel doch auch gegeben ist, das alles überhaupt leisten? Was hat er schon von »historischen« und »philologischen« Methoden gehört? Ist für ihn nicht doch ein unmittelbarer, nicht an Regeln gebundener Umgang mit dem Wort zu fordern? Ich will dazu grundsätzlich folgendes bemerken: Der Umgang mit der Bibel darf nie der Willkür preisgegeben werden – weder der kritizistischen einer autonomen Vernunft, noch der »erbaulichen« einer frommen Phantasie. Dem einfachen Christen, der die Schrift in Übersetzung liest, ist im Grunde die gleiche Aufgabe gestellt, wie dem Schriftforscher, der mit dem Grundtext und entsprechenden Nachschlagewerken arbeitet. Jeweils geht es darum, daß die Schrift in ihrem Wortlaut und Zusammenhang verstanden und angenommen wird. Damit der einfache Bibelleser dies leisten kann, ist vom Fachmann bereits viel Vorarbeit geleistet worden: Die Bibel ist in verständlicher Weise in seine Sprache übersetzt worden und zwar so, daß (teils in konkordanter, teils in dynamisch-äquivalenter Übersetzung) der Wortlaut und der sprachliche wie historisch-kulturelle Sinn einer Aussage des Grundtextes weitgehend in den neuen sprachlich-kulturellen Kontext übertragen sind. Die notwendigsten geschichtlichen Informationen über Situation und Absicht gehen meist ohnehin aus dem betreffenden biblischen Buch selbst hervor, und für besondere Fragen hat auch der »Laie« erklärte Bibelausgaben und Auslegungsreihen zur Hand. Und da ihm so das Bibelwort in seiner Muttersprache entgegentritt und diese Sprache für ihn verständlicher Kommunikationsträger ist, muß auch dem »schlichten Bibelleser« zugemutet werden können, daß er sich um ein angemessenes Verständnis des biblischen Wortlauts bemüht und die tatsächlichen Aussagen des Wortes auf sich anwendet. Natürlich ist der »Laie« durch die Übersetzung auf bestimmte Wortbedeutungen festgelegt, während der Hebräisch- und Griechischkenner die unterschiedlichen Übersetzungs- und Auslegungsmöglichkeiten sieht, doch selbst hier kann ein Vergleich mehrerer Übersetzungen oder das Nachschlagen in einem theologischen Begriffslexikon weiterhelfen. Dem Kenner der alten Sprachen sowie der antiken Geschichte und Kultur erschließen sich vielleicht noch manche zusätzliche »Obertöne« bei der Bibelarbeit, er sieht – im Bilde gesprochen – den Vorgang in »Farbe« und nicht nur »schwarz-weiß«, aber grundsätzlich sieht er auch nichts anderes als der »Laie«. Der von Gott geoffenbarte Wortlaut gilt für beide, und das durchaus anstrengende »Sinnen über dem Wort« (Ps.1,2) ist von beiden gefordert. So mag es verschiedene Ebenen hinsichtlich der Detailliertheit der Auslegungsarbeit geben[177], aber grundsätzlich sind alle an den Wortlaut der Schrift gewiesen, den es im Zusammenhang in seiner eigentlichen Bedeutung zu verstehen gilt. Gerade der Glaube an die wörtliche Inspiration und göttliche Autorität der Bibel gebietet respektvolle Genauigkeit im Umgang mit ihrem Wortlaut.

[177] Auch der Fachtheologe selbst kennt für sich unterschiedliche Detail-Ebenen. So wird es – bei gleichbleibendem Anliegen für die Erfassung des Wortsinnes – doch einen Unterschied machen, ob er die Bibel in persönlicher Andacht, in der Vorbereitung für die Sonntagspredigt oder im Blick auf die Abfassung eines Kommentarwerkes auslegt.

### 3.2.3 Die Unangemessenheit eines »kritischen« Umgangs mit der Bibel

Eine zweite Frage wird manchmal gestellt, wenn es um die rechte Methode der Schriftauslegung geht – besonders, wenn, wie oben geschehen, entgegen modernen Gepflogenheiten, nirgends vom »Recht auf kritischen Umgang mit der Bibel« die Rede ist. Es erhebt sich dann die Frage: Gibt es nicht doch einen »neutralen«, schriftgemäßen Gebrauch der historisch-kritischen Auslegungsmethode(n)? Ist so etwas wie eine »positive Kritik«[178] nicht akzeptabel? Fragen wie diese werden auf ganz unterschiedliche Weise begründet: Entweder man verweist auf die »menschliche Seite« der Schrift, die durchaus doch eine gewisse Sachkritik zuließe; oder aber man beteuert, daß das Wort *Kritik* eine ganz neutrale Bedeutung haben könne und dann lediglich die offene Beobachtung und genaue Untersuchung meine. Ginge es nur um letzteres, wäre die Sache wohl kaum strittig, denn gegen genauestmögliche Auslegungsarbeit, die zugleich die eigenen Voraussetzungen wie auch eigene und fremde Theorien zur Sache immer wieder hinterfragt und am Gegenstand der Beobachtung, der Bibel, mißt, dürfte sich kaum Widerspruch erheben.

Doch schon hier muß bemerkt werden, daß das Wort *Kritik* im Zusammenhang der Bibelwissenschaften längst seine Unschuld verloren hat. Nach 250 Jahren historisch-kritischer Arbeit an der Bibel mit ihren zersetzenden, weil die Vernunft über die Offenbarung setzenden Ergebnissen, ist es meiner Ansicht nach naiv, sich plötzlich in kühnem Sprung auf die Felsplatte eines »neutralen« Kritikbegriffes zurückziehen zu wollen. So wenig man nach den Greueltaten des Dritten Reiches ein unbefangenes »Deutschland, Deutschland über alles . . .« singen kann, so wenig kann man nach der 250jährigen Sündengeschichte der Bibelkritik einer »historisch-kritischen Methode« das Unschuldsmäntelchen der Neutralität umhängen wollen.

Zudem erweist sich der Kritikbegriff in den exegetischen Wissenschaften längst als inhaltlich besetzt. **Ernst Troeltsch** (1865–1923), der große Theoretiker der auch vor ihm schon praktizierten Bibelkritik, hat die historisch-kritische Methode klar nach ihren Grund-

[178] Von einer »positiven Kritik«, der es »vor allem um die Eigenart und Selbstaussage der biblischen Texte und um einen sorgsamen Nachvollzug ihrer Gedankengänge« geht, spricht P.Stuhlmacher, *Vom Verstehen des Neuen Testaments. Eine Hermeneutik*, Göttingen, 1979, S.30.

sätzen analysiert.[179] Die historische Kritik folgt nach ihm drei Prinzipien: 1) dem *Prinzip der Kritik*, d.h. dem Grundsatz, daß jede geschichtliche Überlieferung durch kritische Wertung auf den Grad ihrer Zuverlässigkeit und Wahrscheinlichkeit zu untersuchen ist; 2) dem *Prinzip der Analogie*, d.h. dem Grundsatz, daß Ereignisse vergleichbar sein müssen, so daß man einen Bericht durch Vergleich mit bekanntem Geschehen hinsichtlich seiner Wahrscheinlichkeit beurteilen und analogieloses Geschehen als unhistorisch ausmerzen kann; schließlich folgt die kritische Methode 3) dem *Prinzip der Korrelation* (man könnte vielleicht auch sagen: *Kausalität*), d.h. dem Grundsatz, daß jedes geschichtliche Geschehen in Wechselwirkung zu vorausgehenden und folgenden Ereignissen stehen muß, durch die es verursacht wurde und die es verursacht. Für Troeltsch mußte diese Verursachung rein innerweltlich erklärbar sein, da sonst nicht von einem tatsächlich historischen Ereignis gesprochen werden könne.

Heinzpeter Hempelmann hat nun versucht, diese drei Prinzipien so zu interpretieren und umzudeuten, daß sie für den evangelikalen Gebrauch im Rahmen einer schrifttreuen, aber nicht unkritischen Exegese anwendbar würden.[180] Hinsichtlich der Prinzipien der *Analogie* und der *Korrelation* gelingt ihm das auch. Er macht hier deutlich, daß diese Grundsätze durchaus hilfreiche Erkenntnismittel sein können, solange sie nicht weltanschaulich mißbraucht werden. Natürlich wird man sich bemühen, nach dem *Analogieprinzip* Unbekanntes von Bekanntem her zu verstehen; doch wäre das Prinzip weltanschaulich mißbraucht, wenn nur noch das als wirklich akzeptiert würde, was in den Rahmen des eigenen Erfahrungshorizonts paßt. Gewiß fragt man bei geschichtlichem Forschen gemäß dem *Korrelationsprinzip* nach Ursachen und Folgewirkungen eines Ereignisses, um Zusammenhänge zu erkennen; aber das Prinzip wäre weltanschaulich verfälscht, wollte man nur noch die Dinge als wirklich anerkennen, die eine innerweltlich (immanent) erklärbare Ursache haben. Problematisch wird es allerdings mit dem *Prinzip der Kritik*, wenn es auf die Bibel angewandt wird. Auch hier wehrt sich Hempelmann gegen eine weltanschauliche Verabsolutierung (oder »Ontologisierung«) des Prinzips, die den Zweifel zur Kardinaltu-

[179] E.Troeltsch, »Über historische und dogmatische Methode in der Theologie« (1898) = ders., *Gesammelte Schriften* Bd. 2, Tübingen, 1913, S.729–753; oder auch in: G.Sauter, Hrg., *Theologie als Wissenschaft* (ThB 43), 1971, S.105–127.

[180] H.Hempelmann, *Die Auferstehung Jesu Christi – eine historische Tatsache?*, Wuppertal, 1982, S.45–49.

gend macht.[181] Trotzdem möchte er den Kritikbegriff aus den Bibelwissenschaften nicht ausschließen – und das, obwohl er sich bewußt ist, daß das Postulat der Kritik nur da sinnvoll ist, wo der historische Erkenntnisgegenstand dem methodischen Zweifel auszusetzen ist: »Eine *kritische* Untersuchung der Überlieferung ist sinnvoll, weil wir z.B. schon auf Grund verschiedener oder einander widersprechender Quellen nicht mit der durchgängigen Richtigkeit aller auf uns gekommenen Dokumente – gleich welcher Art – rechnen können.«[182] Die Anwendung dieses allgemeinen Satzes auf den Umgang mit der Bibel ließe meines Ermessens aber das Grundprinzip der Aufklärung durchbrechen, daß nämlich der Mensch (sei es der Historiker oder der Exeget) mit seiner *Ratio* (Vernunft) über dem Wort steht und dieses beurteilt und kritisiert. Das kritische Prinzip läßt sich aber nur dann »sinnvoll« auf die Bibel anwenden, wenn man angesichts ihrer »Geschichtlichkeit« oder »Menschlichkeit« zugleich mit der (möglichen) Irrtümlichkeit ihrer Aussagen rechnet. Geht man davon aus, so beginnt – ob in gemäßigter oder radikaler Form – das alte historisch-kritische Unternehmen, innerhalb des biblischen Kanons Gültiges und Ungültiges, Wahres und Falsches, Wahrscheinliches und Unwahrscheinliches, Göttliches und Menschliches zu unterscheiden.

Wir kommen damit zu einem doppelten Ergebnis. 1) Ein »neutraler« Kritikbegriff ist in der Bibelwissenschaft nicht mehr möglich. Und 2) für irgendwelche Art von Kritik an der Bibel bleibt kein Platz mehr, wenn wir entsprechend dem biblischen Selbstzeugnis sowie der historisch-christlichen Schrifthaltung von der ganzen Inspiration, Zuverlässigkeit und Wahrheit der Bibel ausgehen. Hier ist Gerhard Maier zuzustimmen, der feststellt: »Kritik ist nicht die angemessene Antwort auf Offenbarung.«[183] Ja, konfrontiert mit der Offenbarungswirklichkeit, ist eine kritische Methode geradezu eine »innere Unmöglichkeit«. Denn »das Korrelat (Entsprechung) zur Offenbarung ist nicht Kritik, sondern Gehorsam, ist nicht Korrektur – auch nicht aufgrund der teilweise anerkannten und verwendeten Offenbarung –, sondern Sich-korrigieren-Lassen«.[184]

181 ebd., S.47: »Die Ontologisierung und Verabsolutierung der Prinzipien der historischen Kritik stellen wir ... entschieden in Frage.«

182 ebd., S.46. – Vgl. die Begründung von P.Stuhlmacher, aaO., S.217, für seine »positive« oder »differenzierende historische Kritik«, daß nämlich das biblische Zeugnis trotz der Inspiration »in sich geschichtlich vielfältig, z.T. widersprüchlich und seit den Tagen des Neuen Testaments kontrovers« sei.

183 G.Maier, *Das Ende der historisch-kritischen Methode*, S.17 (So die dortige Kapitelüberschrift).

184 ebd., S.18.

### 3.2.4 Das Recht auf methodische Berücksichtigung der »göttlichen« Seite der Schrift

Angesichts unseres mit »Vorverständnissen« und »Methoden« befaßten Themenbereichs könnte sich noch eine weitere Frage erheben, die daran anknüpft, daß wir oben ja nicht nur von der Notwendigkeit »historischer« und »philologischer« Methoden sprachen, sondern methodisch auch den Inspirations- und Autoritätscharakter der Schrift in Rechnung stellten sowie ihren den Ausleger existentiell fordernden Machtcharakter. Es könnte gefragt werden: Ist die Berücksichtigung der »göttlichen« Seite der Schrift bei der Auslegung nicht ein subjektives Vorverständnis, ein dem »neutralen« Beobachter nicht zugänglicher Deutungsrahmen, wodurch sich der christliche Ausleger jenseits der allgemein feststellbaren Wirklichkeit begibt und damit seinen nichtchristlichen Zeitgenossen nicht mehr verständlich sein wird? Sollte die Bibel nicht von vornherein neutral, wie jedes andere Buch, behandelt werden?

Dazu ist zunächst zu sagen, daß es eine völlig vorurteilsfreie Objektivität nicht gibt. Jeder Ausleger, aber überhaupt auch jeder Wissenschaftler, bringt ein gewisses Vorverständnis mit an seine Arbeit heran. Dieses Vorverständnis mag teils mit der persönlichen Biographie des Betreffenden zu tun haben, teils aus Urteilen bestehen, die sich aus der bisherigen Beschäftigung und Erfahrung mit der betreffenden Sache ergeben haben. Wichtig ist nun zweierlei: 1) Daß man sich als Ausleger der eigenen Vorverständnisse bewußt wird und diese dann auch offen darlegen kann. Und 2) daß man vorhandene Vorverständnisse zu korrigieren bereit ist – und zwar nicht auf Grund irgendwelcher sachfremder Postulate und Ansprüche des Zeitgeistes, die wiederum nur zu schlimmeren Vorurteilen führen!, sondern dazu bereit ist, sich mit seinen Vorverständnissen dem Text (oder allgemein: dem Erkenntnisgegenstand) auszusetzen und sich von diesem korrigieren zu lassen. Es kommt dabei zu einer hermeneutischen »Verstehensspirale«: Ausgehend von persönlichen Vorverständnissen bei gleichzeitiger Korrekturbereitschaft geht man mit forschendem Fragen an den Gegenstand heran. Dabei kommt es zum Erkennen, zum Annehmen, zu sachgemäßerem (Vor-)Verständnis, zu neuem Forschen, besserem Erkennen, usw. So ergibt sich für den Bibelausleger, der dem Wort der Heiligen Schrift den prinzipiellen Bedeutungsprimat gegenüber der eigenen Person samt ihren Vorverständnissen einräumt, ein wachstümliches Fortschreiten in einem sich stets sachgemäßer gestaltenden Erkenntnisprozeß. Vielleicht wird sich das Vorverständnis hinsichtlich der Autorität

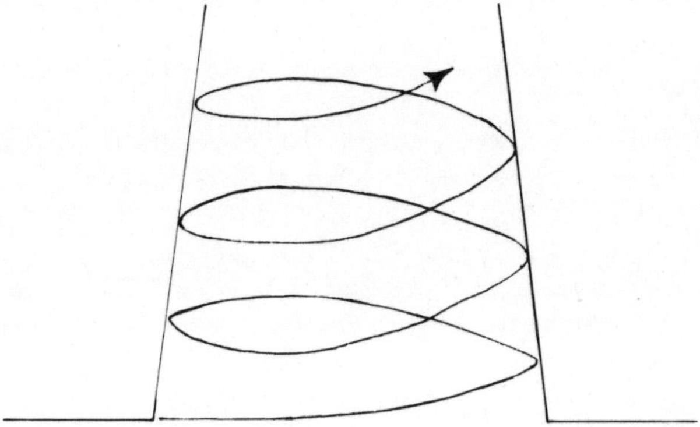

und Wahrheit der Bibel für manchen Ausleger zunächst nur aus seiner persönlichen Erfahrung mit der Wirkung dieses Wortes in seinem Leben ergeben haben. Dann wird sich dieses Vorverständnis in der Forschungsbewegung der »Verstehensspirale« anhand des biblischen Selbstzeugnisses bewähren und vertiefen müssen. Das gleiche gilt, wenn sich das entsprechende Vorverständnis für den einzelnen nur aus der Tradition ergibt, oder gar, wenn ein kritisch-agnostisches Vorverständnis, das die Bibel (unsachgemäß!) wie jedes andere Buch behandeln will, erst im Rahmen der »Verstehensspirale« am Selbstverständnis der Bibel korrigiert werden muß – was nur, da es sich um Erlösung von sündigen Denkstrukturen handelt, durch Gottes erlösendes Eingreifen möglich ist.

Im übrigen gehört zum modernen Wissenschaftsbegriff die Einsicht, daß jede Disziplin ein eigenes »Paradigma« (Theorierahmenkonzept) darstellt, eine in sich schlüssige Konzeption, die nicht einfach mit anderen Wirklichkeitskonzepten verrechenbar ist.[185] Das gilt für jede Wissenschaftsdisziplin, muß also auch für die Theologie gelten dürfen. Anknüpfend an diese wissenschaftstheoretische Diktion gehört zum »Paradigma« der Theologie die den wechselnden Wirklichkeitsbildern der Menschen und ihrer Wissenschaft gegenüberstehende, in Geschichte und Bibel enthüllte Offenbarungswirklichkeit, zu der unter anderem der zur Transzendenz hin geweitete

[185] Näher ausgeführt bei H.Hempelmann, »Christlicher Glaube vor dem Forum kritischer Vernunft. Der wissenschaftstheoretische Ansatz Th.S.Kuhns und seine Bedeutung für die theologische Wissenschaft«, *ThBeitr* 14(1983), S.33–40. – Vgl. dazu auch S.Findeisen, »Zur wissenschaftlichen Rede vom Paradigma in biblisch-missionarischer Sicht«, in: *Arbeitsbuch Hermeneutik*, Krelingen, 1983, S.359–365.

Horizont gerechnet werden muß, d.h. vor allem der Glaube an den persönlichen Schöpfer- und Erlösergott, den Vater Jesu Christi, der von der Schöpfung an bis zur Vollendung in die Geschichte und in Menschenleben eingreift, sich offenbart und uns diese Offenbarung dann in biblisch-schriftgewordener Form zu genauer Erforschung und gehorsamer Befolgung anvertraut. Jemandem, der in einem ganz anderen weltanschaulichen Paradigma lebt, wird ein Verstehen der im historisch-christlichen Paradigma geltenden Konzepte nicht ohne weiteres zugänglich sein. Es ist ihm, wie Paulus bereits in 1.Kor.1,18ff ausdrückt, »Torheit«. Angesichts der paradigmatischen Struktur wissenschaftlicher Wirklichkeitskonzepte ist heute für jede Art von Erkenntnisprozessen zur Kenntnis zu nehmen: »Das alte Objektivitätsideal muß aufgegeben werden, weil es keinen theorieneutralen Zugang zu der ›Wirklichkeit an sich‹ gibt, und auch das Ideal intersubjektiver Erkenntnis ist nur begrenzt, im Rahmen ein- und desselben Paradigmas, zu verwirklichen.«[186] Von dieser Einsicht her ist die Forderung als unangemessen abzulehnen, die Theologie müsse, um wissenschaftlich und damit allgemein zugänglich zu sein, grundlegend zu ihrem Paradigma gehörende Elemente (wie Überzeugungen hinsichtlich des Wesens der Schrift) methodisch ausklammern.

Nun ist die Theologie aber – um einmal ein Wort von Leibniz zu gebrauchen – keine »Monade«, die nach außen »keine Fenster« hat. Von daher kann und muß etwas anderes geschehen: Sie muß versuchen ihre Prinzipien mitzuteilen. Auch wenn der außerhalb des christlichen »Paradigmas« Stehende – als ein die Realität Gottes nicht Kennender, weil von ihm durch die Sünde Getrennter – die Wahrheit der christlichen Aussagen für sich noch nicht nachvollziehen und damit nicht voll verstehen kann, bleibt es doch die Aufgabe der Theologie, ihren eigenen Ansatz so darzulegen, daß auch der Außenstehende ihn zumindest mitdenken kann. Es gehört zu der grundlegenden Christenpflicht, gegenüber Andersdenkenden Rechenschaft zu geben von dem Grund der Hoffnung, die in uns ist (1.Pt.3,15). Zugleich kann versucht werden, gewissermaßen apologetisch den Wirklichkeitsbezug der christlichen Prinzipien aufzuweisen. Gerade am Beispiel der geschichtlichen Erfüllung biblischer Prophezeiungen oder anhand der lebensverändernden Wirkung des Bibelwortes bei vielen Menschen der Vergangenheit und Gegenwart kann dies in dem bescheidenen, intra-paradigmatisch möglichen Maß versucht werden. Letztlich aber wird es zu echtem, biblischen

[186] H. Hempelmann, aaO., S.36.

*Verstehen* (vgl. Abschnitt 3.5.2) nur dann kommen, wenn es uns durch die Wirkung des Geistes Gottes gelingt, Christus als den wahren Grund unserer Hoffnung so zu kommunizieren, daß durch alle Theorierahmenkonzepte im Kopf des Gegenübers hindurch sein Herz getroffen wird und es dort zu einer wahrhaft grundlegenden Bekehrung kommt, die ihm eine neue Wirklichkeit erschließt. Jedenfalls sind göttlich offenbarte Realitäten, einschließlich der hermeneutisch so grundlegend wichtigen Elemente wie die des Inspirations- und Autoritätsbegriffs sowie des die Existenzveränderung suchenden Machtcharakters der Heiligen Schrift, nicht einfach deswegen methodisch auszuklammern, weil sie sich nicht nahtlos in außerchristliche Paradigmen einordnen lassen. Im Blick auf Elemente des christlichen Glaubens haben wir gegenüber der Welt wohl einen Kommunikationsauftrag, niemals aber einen Kapitulationsauftrag!

## 3.3 Aufgabe und Ziel biblischer Exegese

Methoden, die ja konkrete Einzelschritte auf dem Weg zu einer Sache darstellen, können nur dann sinnvoll eingesetzt werden, wenn Klarheit über das Ziel dieses Weges herrscht. Von daher ist es für eine sinnvolle Auslegungsmethodik von vorrangiger Bedeutung, daß klar definiert wird, was eigentlich Aufgabe und Ziel der Bibelauslegung sein soll.

Ihr ist eine doppelte, und doch in sich zusammengehörige Aufgabe gestellt: *Sachgemäße Exegese hat die ursprüngliche Bedeutung eines vorliegenden Textes in ihrem biblischen Zusammenhang zu erklären und eben diese Botschaft dem Menschen heute zu erschließen.*

### 3.3.1 Die Erklärung der ursprünglichen Textbedeutung

Eigentlich sollte es ganz selbstverständlich erscheinen, daß es jeder ernsthaft so zu nennenden Bibelauslegung um die Erklärung der ursprünglichen Textbedeutung gehen muß. Die Frage nach der vom Autor beabsichtigten Bedeutung *(mens scriptoris)* müßte im Vordergrund stehen. Tatsächlich aber ist dieser unumstößliche Grundsatz heute alles andere als selbstverständlich. Man hat vielfach den Eindruck, es gelte vielmehr die ironische Bemerkung Goethes (aus den »Zahmen Xenien«) als Auslegungsmotto: »Im Auslegen seid frisch und munter. Legt ihr's nicht aus, so legt was unter!«

Das beginnt schon beim **fromm-erbaulichen Umgang** mit der Bibel. Oft ist dabei die erste Frage: »Was sagt dieses Wort *mir*?« Anstatt zunächst zu fragen: »Was sagt dieses Wort?«! Man trägt dabei vage Erwartungen oder auch Fragen, die sich aus einer augenblicklichen Lebenssituation ergeben, an den Text heran und bezieht nun das, was man da hört und liest, auf eben diesen Horizont. Ob der Text auf eben diese Situation tatsächlich antworten wollte oder aber an sich etwas ganz anderes zu sagen hätte, ist dabei die erste Frage. Das Gotteswort selbst in seiner Würde wird aus dem Zentrum gerückt, und dafür schiebt sich der fromme Mensch mit seiner Erwartung an den Text in den Mittelpunkt. Dazu wird die Gefahr bei diesem Ansatz übergroß, daß man den ersten erbaulichen Gedanken, der einem bei der Bibellese kommt, schon als persönliches »Gotteswort an mich« ausgibt. Ob man die eigentliche, von Gott inspirierte Wortbedeutung dabei getroffen hat, wird zum Lotteriespiel. Die Bibel wird zu einer Art Meditationsgegenstand oder »Katalysator« herabgewürdigt, an dem sich ganz subjektiv unterschiedliche Gedanken entzünden. Vielleicht sagt mir dieser Text dies, dem nächsten das und dem übernächsten noch etwas anderes. Das Bibelwort wird zum Andachtsorakel, das jeder nach Belieben deutet. Der Subjektivismus hat Einzug gehalten. Gott und seinem geoffenbarten Wort wird so allerdings die ihm gebührende Ehre versagt! Er hat seine Gedanken geoffenbart im Wort der Schrift. Nun müßte es oberstes Anliegen dessen sein, der mit der Bibel umgeht, zunächst genau zu sehen und zu verstehen, was Gott gesagt hat und wie es gemeint ist. Erst danach kann das (recht verstandene!) Wort auch richtig angewendet werden. Genaue *Auslegung* muß der *Anwendung* prinzipiell vorangehen. Wer mit der Anwendung des Wortes beginnt, bevor er es ausgelegt und verstanden hat, zäumt das Pferd vom Schwanz her auf. Es geht um den Primat des Bibelwortes in seiner ursprünglichen Bedeutung gegenüber den Erwartungen und Ideen auch des frommen Betrachters! Die erste Frage muß sein: »Was sagt der Text an sich?« – und dann kann gefragt werden: »Was bedeutet das nun für mich?«

Ganz ähnlichen Gefahren kann ein bloß **traditioneller Bibelgebrauch** erliegen. Anstatt zu fragen: »Was steht nun eigentlich da?«, liest man die Bibel von vornherein durch die Brille bestimmter konfessioneller Traditionen oder persönlicher Prägungen. Bevor ein Bibelwort sagen darf, was es sagen will, wird ihm schon durch ein vorgefertigtes Ergebnis das Wort entzogen. Der Traditionalist wird immer wieder – auch gegen jede Wahrscheinlichkeit des Wortlauts – seine bereits mitgebrachten Ergebnisse festhalten: »Reim' dich oder ich fress' dich!« Dies soll kein grundsätzlicher Affront gegen Bekenntnistraditionen und überkommene Lehrüberzeugungen sein –

so, als müßten diese *immer* irren! Aber der Grundsatz muß lebendig und unbeirrt in Geltung bleiben, daß auch jede Auslegungstradition und jede konfessionelle Überzeugung immer wieder am Wort der Bibel selbst zu korrigieren und zu bewähren ist. Nicht der Wortlaut der Schrift ist zu biegen, bis er zur Tradition paßt, sondern Traditionen sind immer neu am Wortlaut der Schrift zu messen.

Auch in der modernen **psychologischen Bibelanwendung** wird der Bedeutungsprimat der ursprünglichen Textintention mißachtet. Burkhard Affeld berichtet über den Bibelgebrauch innerhalb kirchlicher gruppendynamischer Arbeitsprozesse: »Die Gruppensituation im Hier und Jetzt wird ausschlaggebend für die Deutung biblischer Texte. Die momentane Erfahrung, die augenblickliche Befindlichkeit wird zum Raster, in dem biblische Texte ganz neue und ihrem eigentlichen Inhalt fremde und widersprechende Deutung erfahren . . . Die Bibel kommt wieder zu Ehren, aber zu zwielichtigen. Die psychologische Wirkung biblischer Texte wird in gruppendynamischen Sitzungen erprobt. Es geht nicht mehr vordergründig darum, was dort steht, sondern wie ich diese Worte jetzt empfinde . . .«[187]

Die **moderne Hermeneutik,** wie sie etwa Gerhard Ebeling vertritt, steht in ähnlicher Gefahr und ist vielleicht sogar die theologische Wurzel eines neuartigen Umgangs mit der Bibel, wie er sich in der psychologisch-gruppendynamischen Schriftanwendung zeigt. Karl-Heinz Michel beschreibt diesen Ansatz folgendermaßen: »Es wird . . . zuerst ein Vorverständnis vom Wesen und von der Wirklichkeit des Menschen und von den ihn bewegenden Fragen formuliert; von diesem Vorverständnis her soll dann die biblische Überlieferung neu verstanden werden z.B. als Antwort auf die Fragen des Menschen. ›Ein Sachverhalt kann nur auf Fragen antworten, die man an ihn richtet‹ (G.Ebeling, *Dogmatik* Bd. I, S.80). So modifiziert lautet dann die hermeneutische Frage an den biblischen Text: Was meint diese Überlieferung zu den unser Menschsein bewegenden Fragen? Was will sie auf unsere heutigen Fragen hin zur Sprache bringen? . . . So aktualitätsbezogen dieses Vorgehen auch aussehen mag, so stellt es doch in Wirklichkeit eine theologische Verarmung dar. Die Bibel darf nur antworten auf Fragen, die der heutige Mensch ihr stellt. Im Grund bleibt der Mensch bei sich selber stehen.«[188] Auch Hans Georg Gadamers berühmte hermeneutische

187 B.Affeld, »Unsere Kirchen zwischen Gruppendynamik und Geist Gottes«, *Diakrisis* 4(1983), S.30.

188 K.H.Michel, Sehen und Glauben, S.13+14.

These vom Verstehen als »Prozeß einer Horizontverschmelzung« erweckt den Eindruck, daß hier der moderne Horizont des Interpreten gleichgewichtig mit dem historischen Horizont des Textes in den Verstehensprozeß einfließt und mit diesem dann zu einer neuen Synthese verschmilzt.[189] Auch diese Hermeneutik hat den Grundsatz verlassen, daß es der Auslegung zuerst und vordringlich um nichts als die ursprünglich vom Autor intendierte Textbedeutung zu gehen hat, die möglichst präzise, möglichst frei von jeder an den Text herangetragenen Überfremdung, zu analysieren und darzulegen ist.[190]

Allenfalls in *einer* Hinsicht kann diese strenge Begrenzung auf die vom Autor im Kontext intendierte Textbedeutung erweitert werden. Und zwar könnte es um eine Erweiterung auf die Fragestellung hin gehen, welche Bedeutung der Text im Rahmen der *gesamtbiblischen* Offenbarung erhält. Da sich im Rahmen der biblischen Heilsgeschichte eine progressive Entfaltung der Offenbarung zeigt, kann es sein, daß die vom menschlichen Autor an seinem geschichtlichen Ort intendierte Textbedeutung ihre volle, von Gott intendierte Entfaltung erst im Lauf der fortschreitenden Offenbarungsgeschichte findet. Während im ursprünglichen (literarischen wie historischen) Kontext noch eine begrenztere Perspektive sichtbar wird, hat der göttliche Autor der Schrift jene Stelle doch schon so angelegt, daß sie zu einem späteren offenbarungsgeschichtlichen Zeitpunkt in vertiefter Bedeutung erscheinen kann. Um ein Beispiel zu nennen: Jes.65,16e–25 war in seinem ursprünglich israelitischen Kontext wohl kaum anders zu verstehen, als eine Schilderung der Segenszustände im künftigen messianischen Reich auf dieser ›irdischen‹, aber erneuerten Erde. Was hier noch teleskopartig ineinandergeschaut wird, tritt in der späteren Entfaltung der Offenbarung auseinander: Nach Offb. 20 und 21 wird im Anschluß an die Parusie Jesu zunächst das messianische Reich für einen begrenzten Zeitraum kommen, und erst danach wird die Neuschöpfung (Neuer Himmel und neue Erde) anbrechen.[191] Eine Exegese von Jes.65 wird den damaligen historischen Kontext und Textskopus ebenso herausarbeiten müssen, wie die Entfaltung des Gegenstandes im späteren gesamtbiblisch-apokalyptischen Zusammenhang.

[189] H.G.Gadamer, *Wahrheit und Methode*, Tübingen, ⁴1975, S.285–290.

[190] Vgl. das wichtige Buch von E.D.Hirsch, *Validity in Interpretation*, New Haven/London, (¹1967) ⁵1974, 277 S.

[191] Vgl. dazu H.Stadelmann, »Das Zeugnis der Johannesoffenbarung vom Tausendjährigen Königreich Christi auf Erden«, in: G.Maier (Hrg.), *Zukunftserwartung in biblischer Sicht*, Wuppertal, 1984, S.147f.

### 3.3.2 Die Erschließung der Botschaft für den Menschen heute

Nun ist sachgemäße Exegese aber nicht nur ein retrospektives Geschäft. Die Bibel ist kein toter Gegenstand aus längst vergangener Zeit, den es lediglich aus historisch-literarischem Interesse zu erforschen gilt. Für Julius Schniewind, etwa, galt: »Was die Schrift sagt, ist Lehre für die Kirche und Glauben weckende Botschaft. Die Bibel ist kein Material, das mit historischen Hypothesen durchpflügt werden will, sondern Stimme, die gehört werden will, Zeugnis, das für die Wahrheitsfrage ins Gewicht fallen will.«[192] Das Wort Gottes wirkt Glauben (Rö.10,17), führt zur Wiedergeburt des Menschen (1.Pt.1,23), »ist lebendig und wirkungskräftig und schärfer als jedes zweischneidige Schwert, es dringt hindurch, bis es Seele und Geist ... scheidet, und ist ein Richter über die Regungen und Gedanken des Herzens« (Hebr.4,12). Gott hat sein Wort nicht nur gegeben, damit wir es analysieren, sondern daß wir ihm gehorchen: »Du selbst hast deine Befehle erlassen, damit man sie genau befolge!« (Ps.119,4). Bei Esra, dem Schriftgelehrten, wird entsprechend ein umfassender, die eigene Existenz mit einbeziehender Umgang mit dem Wort Gottes deutlich: »Esra hatte sein Streben darauf ausgerichtet, das Gesetz des Herrn zu *erforschen* und zu *tun* und in Israel Satzung und Recht zu *lehren*« (Esr.7,10).

Vergleichsweise läßt sich in der neuzeitlichen Exegese eine Verarmung feststellen. Das Bibelwort wird Objekt, literarischer Arbeitsgegenstand, bloßer »Text«. Wo das geschieht, wird man der göttlichen Absicht des Wortes, seinem Anrede- und existenzverändernden Machtcharakter nicht gerecht. Solche amputierte Exegese vernachlässigt einen Teil ihrer Aufgabe und ist damit ihrem Gegenstand nicht voll angemessen. Bei Peter Stuhlmacher wird dieser existentielle Teil des Umgangs mit der Bibel immerhin schon wahrgenommen, doch auch er gliedert dieses konsequente Sich-dem-Text-Aussetzen aus der eigentlichen exegetischen Arbeit aus und siedelt es in der persönlichen Meditation an: »Tragen wir der jahrhundertealten Meditationserfahrung der Kirche hermeneutisch gebührend Rechnung, kommt das ›Sich-Verstehen vor dem Text‹ erst in der methodisch auf der Ausarbeitung der biblischen Textwelt fußenden und seelsorgerlich sinnvoll gegliederten Meditation der Texte zum Ziel. Eben diese Meditation und nicht die Erforschung des Wortlauts der Texte ist der Ort, wo dem Verlangen nach einem über die

[192] So nach der Wiedergabe von Kl.Haacker, »Der reformatorische Ansatz in der Schriftauslegung Julius Schniewinds«, *ThBeitr* 15(1984), S.74.

historische Texterklärung hinausreichenden geistlichen Verstehensvollzug der biblischen Texte sinnvoll Rechnung getragen werden kann und muß.«[193] Nach diesem dualistischen Schema führt die Exegese ihr Eigenleben weiter: In objektiver Distanz wird mit Vernunft und Methode der »Text« analysiert; und dies – und meist nur dies! – ist es auch, was der Theologiestudent im Seminar und in der Vorlesung kennenlernt. Die Meditation ist lediglich möglicher und wünschenswerter Zusatz. Und so endet die Exegese meist in distanziert dargestellten Anmerkungen zu Vorgeschichte, Kontext, Aufbau und historisch-philologischen Bedeutungsmöglichkeiten einer Perikope. Wie anders war das noch bei Johann Albrecht Bengel, bei dem exakte historische Auslegung unmittelbar in die persönliche Betroffenheit und in die gebetsmäßige Antwort auf das Vernommene führte! Indem der Ausleger den Sinn des biblischen Autors trifft, trifft er den Sinn des Heiligen Geistes, trifft er – in und mit dem Text, nicht irgendwo hinter dem Text! – das Wort Gottes und hat sich diesem zu stellen.

Meines Erachtens bleibt die Exegese allzu oft im griechischen Erkenntnisbegriff stecken. Es geht ihr dann um das bloße intellektuelle Erfassen einer Sache. Der hebräische Erkenntnisbegriff *(yada')* lädt darüber hinaus zur *Begegnung* mit dem Erkannten ein. Das muß auch neu in unserer exegetischen Arbeit zum Ziel werden. Denn erst wo es zur Begegnung mit der Wahrheit des Wortes kommt, hat das Wort ausrichten können, wozu es gegeben ist.

Ich möchte diese grundlegende Einsicht noch weiter durch eine Bezugnahme auf den modernen Informationsbegriff erläutern.

Bei sprachlichen Vorgängen, wie sie uns in jedem Bibeltext vorliegen, geht es – technisch gesprochen – um »Information«. Sprachzeichen, die einen bestimmten *Code* darstellen, werden nach Sprachkonventionen zu Wörtern und im Rahmen der Syntax zu Sätzen geformt, die als semantische Gebilde Träger gedanklicher Bedeutungen sind. Informationsfluß kommt zustande, wenn ein Informationsgeber *(Sender)* in einer dem Informationsempfänger bekannten Sprache bestimmte Bedeutungsinhalte weitergibt, um damit beim Empfänger eine gezielte Wirkung (einen Denkvorgang oder eine Haltung mit einem beabsichtigten Ergebnis) hervorzurufen, und beim Empfänger diese gesamte Information (von der Kenntnis der verwendeten Sprache, einschließlich des Verstehens der beabsichtigten Bedeutung, bis zum Erzielen des intendierten Er-

[193] P.Stuhlmacher, »Hauptprobleme und Chancen kirchlicher Schriftauslegung«, *ThBeitr* 9(1978), S.68f.

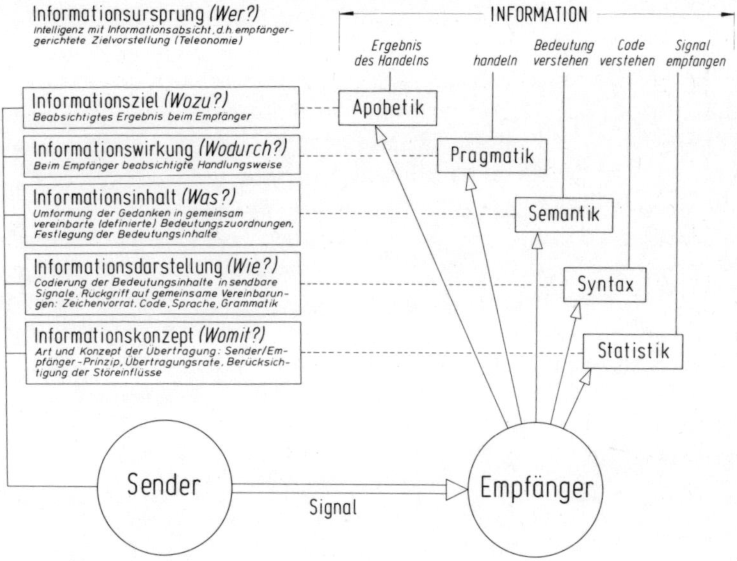


gebnisses) auch ankommt. Bricht der Vorgang etwa auf der semantischen Ebene des Verstehens ab und ruft beim Empfänger nicht die beabsichtigte, auf etwas abzielende Reaktion hervor (also Abbruch auf der Ebene der *Semantik*, ohne die Ebenen der *Pragmatik* oder *Apobetik* zu erreichen), so ist der Informationsfluß gestört und nicht zum Ziel gekommen. Dieser Informationsbegriff, der aus der neuen Informatik stammt[194], ist für eine theologische Hermeneutik meines Erachtens von großer Bedeutung. Hier wird deutlich, daß die *Absicht* einer Information mit zu berücksichtigen ist, daß es also mit der Ebene des bloßen Verstehens *(Semantik)* nicht getan ist, sondern zu fragen ist, ob die Information beim Empfänger die vom Informationsgeber beabsichtigte Wirkung erzielt.

Auf die Bibel übertragen heißt das, daß eine sachgemäße biblische Hermeneutik sich nicht nur auf ein historisch-philologisches Verstehen im Rahmen der Exegese beschränken darf, sondern daß der hermeneutische Prozeß erst abgeschlossen ist, wenn die jeweili-

[194] S. dazu W.Gitt, »Information und Entropie als Bindeglieder diverser Wissenschaftszweige«, *PTB-Mitteilungen Forschen + Prüfen* (90/1980), S.1–17 (bes. S.9–12); sowie ders., »Ordnung und Informatik in Technik und Natur«, in: W.Gitt (Hrg.), *Am Anfang war die Information*, Gräfelfing, 1982, 212 S. – Obige Grafik entstammt beiden genannten Veröffentlichungen und ist mit Genehmigung des Urhebers, Prof.Dr.W.Gitt, übernommen.

ge Absicht der biblischen Texte am Empfänger ihrer Botschaft zum Ziel gekommen ist.

Es bleibt die Frage, ob eine Methode zu dieser Existenzbegegnung mit Gottes Wahrheit führen kann. Bleiben unsere Methoden nicht notwendigerweise immer im Noetischen stecken? Gilt das nicht umso mehr, als dem natürlichen, sündigen Menschen hier Zugänge verschlossen sind?

Diese Fragen müssen uns angesichts des vorgegebenen Erkenntniszieles veranlassen, umso intensiver über die Rolle des Heiligen Geistes für die Exegese nachzudenken. Denn angesichts der von der Absicht des Wortes uns aufgegebenen exegetischen Aufgabe kann es nicht legitim sein, sich der Probleme dadurch zu entledigen, daß man den Heiligen Geist in den meditativen Anhang zur Exegese verweist, für diese selbst aber allein die menschliche Ratio mit ihren Methoden für zuständig erklärt.

## 3.4 Das Erkennen des Literalsinns durch historisch-philologische Auslegungsarbeit

Wie wir gesehen haben, ist das erste Ziel biblischer Exegese die Erklärung der ursprünglichen Textbedeutung. Wie kann dieses Ziel erreicht werden? Ist die ursprüngliche Textbedeutung uns überhaupt noch zugänglich? Diesen Fragen wollen wir im folgenden nachgehen. Dabei kann es wieder nicht um eine detaillierte Darstellung der exegetischen Einzelschritte gehen, sondern wir haben uns auf die Behandlung der hermeneutischen Grundprinzipien zu beschränken.

### 3.4.1 Die Klarheit der Schrift und das Literalprinzip

Zwei Gaben der lutherischen Reformation für den Ausleger heute sind die Betonung des Literalprinzips und der Klarheit der Schrift. Die Bibel ist *Offenbarung* – kein Buch mit sieben Siegeln, das nur durch erlesene Spezialisten oder ein unfehlbares päpstliches Lehramt gedeutet werden könnte! In diesem Sinn betonte Luther immer wieder die grundsätzliche Klarheit der Heiligen Schrift, wobei er zwischen einer *äußeren* und einer *inneren Klarheit* unterscheidet: »Um es kurz zu sagen, es gibt eine doppelte Klarheit der Schrift, wie auch eine doppelte Dunkelheit, eine äußerliche im Dienst des Wortes und eine andere in der Erkenntnis des Herzens. Sprichst du von der innerlichen Klarheit, so kann kein Mensch ein Jota in der Schrift sehen, er habe denn den heiligen Geist; alle haben ein verfinstertes

Herz, so daß sie selbst dann, wenn sie alles in der Schrift aussagen und kennen würden, doch nichts davon begriffen und wahrhaft erkennten ... Sprichst du von der äußerlichen Klarheit, so ist aber gar nichts dunkel oder zweifelhaft geblieben, sondern alles, was die Schrift enthält, ist durch das Wort ans hellste Licht gebracht und aller Welt kundgetan.«[195] Mit der »äußeren Klarheit« des Wortes ist ausgesagt, daß die Bibel in verständlicher Sprache redet und durch ihren Inhalt nicht verwirren und verhüllen, sondern kommunizieren will. Im Einzelfall mag es zwar trotzdem einmal Verstehensschwierigkeiten geben. Das sieht Luther auch: »Das ist natürlich richtig, daß es in der Bibel viele dunkle und unverständliche Stellen gibt, aber nicht weil die Dinge zu hoch wären, sondern weil wir die Worte und die Grammatik nicht kennen.«[196] Doch was wiegen diese kleinen Verstehensschwierigkeiten, so betont Luther gleich anschließend, verglichen mit der ins Auge springenden Klarheit der Christusoffenbarung!

Das Prinzip der Klarheit der Schrift ist allerdings eng verknüpft mit dem *Literalprinzip.* Im Mittelalter versuchte man, einer Schriftstelle möglichst einen vierfachen Schriftsinn abzugewinnen. Zunächst untersuchte man den *buchstäblichen* Sinn; dann den *allegorischen;* danach fragte man nach der *tropologischen* (d.h. der moralisch-praktischen) Bedeutung; und schließlich klopfte man die Stelle auf ihre *anagogische* (d.h. auf das endzeitliche Ziel ausgerichtete) Dimension ab. Der wörtlichen Bedeutung stand somit in dreifacher Weise der Versuch gegenüber, nach verschiedenen Seiten hin die Tiefendimension eines Textes auszuloten. Die Anwendung konnte hier schon sehr stark in die Auslegung hineinschlagen, wodurch die eigentliche Bedeutung des Textes leicht verdunkelt wurde. Auch wenn die Literalbedeutung an erster Stelle blieb und in Lehrdisputationen allein ausschlaggebend war, wurde die ursprüngliche Textbedeutung doch zu leicht überlagert, und der kreativen Findigkeit des Auslegers standen Tür und Tor offen. Angesichts der Vielfalt der zu erwartenden exegetischen Ergebnisse konnte von der »Klarheit der Schrift« kaum mehr die Rede sein. Von dieser mittelalterlichen Methode rückte Luther schon früh immer mehr ab und betonte den ursprünglichen, grammatischen, buchstäblichen Sinn.[197]

[195] So Luther in seiner Schrift *Vom unfreien Willen,* Walch² 18,1683.

[196] Walch² 18,1681.

[197] Vgl. dazu die gute Darstellung von K.Holl, »Luthers Bedeutung für den Fortschritt der Auslegungskunst«, in: *Gesammelte Aufsätze zur Kirchengeschichte* Bd.I, Tübingen, ⁶1932, S.545ff.

Die Forderung an den Exegeten, sich an den Literalsinn zu halten, beschneidet seine kreative »Freiheit«, experimentierend zu versuchen, was man den Text alles »bedeuten lassen« könne. Sie verpflichtet ihn darauf, den *einen* vom Autor beabsichtigten Sinn zu finden. Sie geht davon aus, daß Sprache in aller Regel das meint, was sie sagt (Konvergenz von *sonare* und *sentire).* Bewußte Doppeldeutigkeiten der Sprache sind vergleichsweise selten intendierte Sprachfiguren. *Der Literalsinn ist die einfache, normale Wortbedeutung, wie der jeweilige Kontext sie sprachlich und geschichtlich nahelegt.* Das Literalprinzip wird von der »buchstäblichen« Grundbedeutung eines Wortes als der Normalbedeutung ausgehen; doch ist dies keinesfalls im Sinn einer prinzipiellen Buchstäblichkeit zu dogmatisieren. Ausschlaggebend ist jeweils der vom Autor intendierte und vom biblischen Gesamtkontext sich nahelegende Wortsinn. Von daher fordert der Literalsinn, Prosa als Prosa, Geschichtsbericht als Geschichtsbericht, Allegorie als Allegorie, Bildwort als Bildwort, Poesie als Poesie usw. auszulegen.[198] Dabei ist nicht von unserem subjektiven Sprachempfinden auszugehen, sondern von dem Sprachempfinden und Sprachgebrauch des hebräisch- und griechischsprechenden Menschen zu alt- und neutestamentlicher Zeit. Eine Grundkenntnis des hebräischen Poesiemusters (des sogenannten »Parallelismus«) wird dabei genauso hilfreich sein, wie beispielsweise die Vertrautheit mit idiomatischen Wendungen und der Fülle möglicher Sprachfiguren.[199] Wer die alten Sprachen nicht genau kennt, ist hier besonders darauf angewiesen, daß der Übersetzer die Idiomata so übertragen hat, daß im Deutschen der gleiche Spracheindruck entsteht, wie in der Grundsprache.

Ein besonders heikles Thema ist der Umgang mit sogenannter

[198] Dies sah im Grunde schon Luther; vgl. K.Holl, aaO., S.554+555: »Demnach ist im einzelnen Fall die Frage so zu stellen, ob der betreffende Schriftsteller die *Absicht* hatte, ein Bild zu gebrauchen. Der Beweis liegt dem ob, der es behauptet. Denn der natürliche Wortsinn bleibt immer der Nächstliegende . . . Mit herrlicher Klarheit hat er (Luther) es schon im Jahr 1519 ausgesprochen, daß da, wo aus dem Zusammenhang sich die Bildlichkeit der Redeweise ergibt, dieser bildliche Sinn nicht etwa als ein ›uneigentlicher‹ neben dem buchstäblichen, sondern als der eigentliche und einzige, weil vom Schriftsteller allein beabsichtigte, anzusehen ist.« – Eine allgemeinverständliche Einführung in das hermeneutische Literalprinzip – im obigen Sinn – bietet P.L.Tan, *Literal Interpretation of the Bible,* Rockville, 1978, 112 S.

[199] S. dazu W.Bühlmann/K. Scherer, *Stilfiguren der Bibel* (=Bibl. Beiträge Bd. 10), Fribourg, 1973, 113 S.; oder auch das nach wie vor unentbehrliche Standardwerk von E.W.Bullinger, *Figures of Speech used in the Bible,* ([1]1898) Grand Rapids, [4]1974, 1104 S.

Allegorie (»Vergeistigung«) bei biblischen Texten. Unter dem Einfluß des Neuplatonismus war es bei den Kirchenvätern (vornehmlich der alexandrinischen Schule) zu einer Vorliebe für Textvergeistigung gekommen, die besonders der Geschichtsüberlieferung des Alten Testaments dadurch, daß das Historische vergeistigend umgedeutet und als bloßes Bild für höhere Wahrheiten verstanden wurde, einen »tieferen« geistlichen Sinn abzugewinnen suchte.[200] In Reaktion darauf kam es in der neueren Theologie einerseits zu einer überzogenen Ablehnung jeglicher Allegorie, andererseits entstand im Zuge der Existenz- und Kerygmatheologie eine Art Neo-Allegorese.[201] Beides hilft nicht weiter. Vielmehr gilt es zu entdecken, wo der Autor einwandfrei eine Allegorie beabsichtigt hat (wie z.B. Jesus beim Gleichnis von Säemann, Mt.13,3ff), bzw. wo die inspirierten Schreiber der Bibel eine frühere Begebenheit der biblischen Geschichte allegorisch anwenden wollen (wie etwa Paulus in Gal.4,21–31). Diese gilt es dann entsprechend mit der vorsichtigen Nüchternheit einer auf den beabsichtigten Sinn gerichteten Exegese auszulegen. Insgesamt werden dadurch der Allegorese sehr enge Grenzen gesteckt.[202]

Etwas anders liegt die Frage, ob es in der auf exakter, literaler Exegese fußenden Predigt im Sinne typologischer Beispielhaftigkeit zu

200 Im Anschluß daran findet sich in der katholischen Exegese ab und zu noch immer eine sehr aufgeschlossene Haltung gegenüber der Allegorie, so bei H.de Lubac, *Geist aus der Geschichte*, Einsiedeln, 1968, 522 S; oder auch J.Pietron, *Geistige Schriftauslegung und biblische Predigt*, Düsseldorf, 1979, 391 S.

201 Die Ablehnung der Allegorese zeigt sich besonders deutlich in der Gleichnisforschung seit A.Jülicher, *Die Gleichnisreden Jesu* Bd. I, Tübingen, 1899, S.203–322. – Doch haben wir, wie J.H.Schmid, in: *Unterwegs zu biblisch-erneuerter Theologie* (Theologie und Dienst, Heft 40), Gießen,1984, S.14, feststellt, »in der modernen Bibelwissenschaft wieder eine Form von Allegorese vor uns. Man kann öfters in der Kritik zwei Schritte beobachten. Zuerst wird die Historizität eines Berichtes, z.B. der Auferweckung des Lazarus, angezweifelt. Im zweiten Schritt will man dessenungeachtet den Wahrheitsgehalt der betreffenden Geschichte bewahren, in diesem Fall die Wahrheit, daß Jesus der Überwinder des Todes ist. Nicht selten wird sogar dem biblischen Schriftsteller selbst die Absicht zur Allegorie unterschoben. Es heißt dann, er selbst habe eben nur eine Wahrheit aussprechen wollen und habe, um sie zu veranschaulichen, eine Geschichte erfunden.« Historische Wirklichkeit und geistige Wahrheit werden dabei getrennt.

202 Vgl. H.Krimmer, *Galaterbrief*, Neuhausen/Stuttgart, 1981, S.148f, der folgende Leitlinien formuliert: »Für die biblische allegorische Auslegung gilt: a) Sie darf dem Gesamtzeugnis der Schrift nicht widersprechen, b) sie kann den Wortsinn nicht in das Gegenteil verkehren, c) sie soll zur Verdeutlichung und Vergegenwärtigung des Textes beitragen, und d) sie sollte in jeder Auslegung begründet werden.« Wie Punkt c) zeigt, denkt Krimmer mehr an allegorische »Anwendung«. »Auslegen« kann ich doch nur, was vom Autor beabsichtigt ist. Dieses Kriterium fehlt aber bei Krimmer.

gewissen allegorisierenden *Anwendungen* biblischer Geschichten kommen kann. Dies würde ich, wenn dadurch die eigentliche Auslegung nicht verdunkelt wird, nicht ganz ausschließen wollen. In jedem Fall ist dann darauf zu achten, daß mögliche Anwendungen – und das gilt grundsätzlich – nicht als die autoritative »Auslegung« einer Stelle ausgegeben werden. Anwendungen müssen sich prinzipiell aus dem Literalsinn einer Stelle ergeben und sind hinsichtlich ihrer Legitimität – und damit ihrer Verbindlichkeit und Autorität! – immer wieder an diesem zu messen. Die Anwendung hat der Auslegung sinngemäß zu entsprechen.

Dieses Literalprinzip (im oben vorgestellten Sinn) gilt es nun konsequent durchzuhalten. Moderne Vorverständnisse dürfen nicht dazu verleiten, gegen die historische Evidenz der im antiken Kontext wahrscheinlichen ursprünglichen Textbedeutung zu vergeistigenden oder sonstigen Uminterpretationen des Textes Zuflucht zu nehmen, nur, weil das Auslegungsergebnis für den heutigen Exegeten sonst unliebsam wäre. Gerade hinsichtlich der prophetisch-eschatologischen Teile der Bibel wurde dieser Irrweg aber seit den Tagen der alexandrinisch-katholischen Hermeneutik über die Reformationszeit hin bis in neuere Zeit immer wieder gewählt. Der »jüdische Realismus« der propethisch–apokalyptischen Texte wurde als peinlich empfunden und daher gern vergeistigend verflüchtigt. Die geschichtlich-heilsgeschichtliche Endgeschichtsschau der Bibel wurde damit auf einen Minimalbestand reduziert. Demgegenüber bleibt festzuhalten: Will man die Klarheit der Schrift nicht verdunkeln, ist man als Ausleger mit unbestechlicher Konsequenz an den Literalsinn der Heiligen Schrift gewiesen, und zwar in allen ihren Teilen.

### 3.4.2 Der normative Rahmen für die Auslegungsarbeit

Bibelauslegung hat es mit Gottes Wort und damit mit einem Gegenstand von höchster Autorität und existentieller Bedeutung zu tun. Eine auf den Literalsinn ausgerichtete Exegese versucht, dieses Wort historisch zu verstehen und aktuell zu vernehmen. Die Frage ist nun: *Wo* wird dieses autoritative Wort vernommen?

Die Reformation hat dazu schon einen wichtigen Grundsatz aufgestellt: *Sola scriptura* – allein in der Schrift begegnet uns Gottes normatives Reden! Damit war gesagt, daß nicht kirchliche Traditionen oder historisch hochinteressante Bücher wie die zwischentestamentlichen Apokryphen, sondern *allein die Bibel* verpflichtende Norm ist. Die Bibel – und nur die Bibel – ist das inspirierte, autoritative, allein normative und völlig genugsame Offenbarungswort Gottes an uns heute. Nur sie ist die zuverlässige und maßgebliche Offenbarungsurkunde des heilsgeschichtlichen Redens und Handelns Gottes. Nur hier hören wir das gültige apostolische Zeugnis von Christus, dem fleischgewordenen Wort Gottes. Und dieses Bibelwort ist der verbindliche Maßstab für das gepredigte Wort der Verkündigung.

Nun steht es außer Frage und gehört zu den unaufgebbaren Grundeinsichten historisch-philologischer Exegese, daß die Kenntnis und Benutzung außerbiblischer Dokumente und Schriften aus der Umwelt des Alten und Neuen Testaments von großer Bedeutung für ein genaues Verständnis des biblischen Wortsinns sein kann. Um wieviel ärmer wäre die Bibelwissenschaft ohne die Kenntnis der Apokryphen, jener frommen jüdischen Bücher, die uns so viel über Geschichte und Glauben des Frühjudentums wissen lassen! Sie sind menschliche Bücher, die neben auf dem Alten Testament aufbauenden Glaubensüberzeugungen auch aus der Umwelt übernommene Spekulationen und eigenwillige, teils schlichtweg unbiblische Gedanken aufweisen. Und doch läßt sich von der Norm des Neuen Testaments her nachträglich sehen, wie sich in jener zwischentestamentlichen Literatur von Apokryphen, Pseudepigraphen, Qumranschriften und ähnlichem, trotz allem Menschlichen, ein vorbereitendes Handeln Gottes mit seinem Volk Israel zeigt, eine von Wegen und Irrwegen gekennzeichnete Entwicklung hin zu der neuen Offenbarung Gottes durch Christus und seine Apostel, die gegeben wurde als die Zeit erfüllt war. Auch archäologische Funde wie die Tontafelarchive aus Ebla, die Elephantine-Papyri einer jüdisch-aramäischen Kolonie, die Amarna-Briefe und Zenon-Papyri sowie spätere Inschriften aus römisch-hellenistischer Zeit können uns Einblicke in die Geschichte der biblischen Zeit geben, die uns helfen, das Bibelwort auf seinem eigenen geschichtlich-kulturellen Hintergrund zu sehen, anstatt immer schon moderne Klischees überfremdend an das Wort der Schrift heranzutragen. Nicht zuletzt hilft auch die Beschäftigung mit jüdischer Literatur – wie Philo, Josephus und den rabbinischen Schriften – das Judentum, in dessen Kontext das Neue Testament entstand, in seiner differenzierten Komplexität, in seiner Parallelität und seiner Gegensätzlichkeit zum Wort Jesu und seiner Apostel zu verstehen und für die Auslegung fruchtbar zu machen. Doch hüte man sich vor jeder »Parallelomanie«, die aus entfernten Ähnlichkeiten zwischen einer Bibelaussage und einer vermeintlichen »Parallele« immer schon Abhängigkeiten und Entwicklungsschemata konstruiert; die die unwahrscheinlichsten ›Paralleltexte‹ zur Auslegungsnorm erhebt, der, gegen alle Wahrscheinlichkeiten des Wortlauts, die Bedeutung eines Bibelwortes gewaltsam angepaßt wird; oder die gar außerbiblische Texte als Grundlage dafür nimmt, Aussagen der Heiligen Schrift als falsch, fiktiv oder relativ einzuordnen. Wo dies geschieht, ist die Grundlage des *sola scriptura* verlassen. Autorität und Wahrheitsnorm ist allein die Schrift. Außerbiblische Texte sind für die Exegese in *ministerieller*, dienender, Funktion heranzuziehen. Zu einer *magisteriellen* Bevormundung der Bibel durch »Paralleltexte« darf es nicht kommen.

Das *sola scriptura* steckt aber noch in einer zweiten Hinsicht den normativen Rahmen für die Auslegungsarbeit ab. Es mahnt den Ausleger, daß tatsächlich allein der Bibeltext in seiner autographischen Endgestalt und nicht irgendwelche hypothetische Vorformen oder rekonstruierte Quellen und Frühstadien des Textes das verbindliche, unter Gottes Leitung gewordene Gotteswort ist, das es auszulegen gilt. Gewiß gibt es oftmals geschichtliche Quellen, aus denen die biblischen Schreiber – manchmal sogar unter Nennung dieser Vorlagen – geschöpft haben (vgl. etwa Lk.1,1–4). Und so hat es Theologen immer wieder gereizt, in diese Vorgeschichte – literarisch, religionsgeschichtlich, formgeschichtlich oder theologisch-traditionsgeschichtlich – einzudringen. Solange dies nicht in hypothetische Spekulationen ausartet und in Widerspruch zu ausdrücklichen Selbstaussagen der Schrift über ihre literarischen Ursprünge unter Gott gerät, kann solche Erhellung des vor-geschichtlichen Kontextes einer Bibelstelle für die Erhebung des Wortsinns des betreffenden Abschnittes durchaus hilfreich sein. Zu berücksichtigen bleibt aber, daß nicht Vorstadien und schon gar nicht hypothetisch rekonstruierte Vorformen eines Textes normativ sein können, sondern *allein* die Schrift in ihrer gottgegebenen Endgestalt autoritativ und ausschlaggebend für Ausleger und Bibelleser sein darf.

Neben das Prinzip des *sola scriptura* (»allein die Schrift!«) tritt in der Hermeneutik der pietistischen Väter (J.A.Bengel) als zweiter Grundsatz das *tota scriptura* (»die ganze Schrift!«). Dieser Grundsatz war gegen die Herausforderung der Bibelkritik zu formulieren, die vieles, was in der Heiligen Schrift steht, als überholt, verkehrt oder unhistorisch bezeichnet und uminterpretiert oder als unmaßgeblich ausgeschieden hat. In solch einem kritischen Verfahren kommt dann ein »Kanon« im Kanon zustande, indem Verbindliches und Unverbindliches, Annehmbares und scheinbar Unannehmbares in einem historisch-kritischen Auswahlverfahren wie Spreu vom Weizen getrennt wird, sei es, um das »Unannehmbare« in liberaler Weise schlicht auszuscheiden oder es in kerygmatheologischer Art umzudeuten. Natürlich gilt dann nicht mehr die ganze Bibel, sondern nur das, was vor dem Forum der kritischen Subjektivität des Auslegers Anerkennung findet. Damit verschiebt sich auch gleich der gesamte Auslegungsrahmen. Die Einheit der Schrift ist aus den Augen verloren, und nur noch sehr bedingt kann zur Erklärung einer Schriftstelle das gesamte Spektrum biblischer Aussagen vergleichend und verdeutlichend mit herangezogen werden. Man hat ja nur noch einen Auswahlkanon – der Rest ist für unecht erklärt oder kritisch abgewertet worden.

Damit leidet ein wichtiges reformatorisches Auslegungsprinzip Schaden, nämlich der Grundsatz: *sacra scriptura sui ipsius interpres,* d.h., die Heilige Schrift ist ihr eigener Ausleger oder, anders gesagt, Schriftwort ist – vom gesamtbiblischen Kontext her – mit Schriftwort zu erklären. Genau dies aber ist ein unverzichtbarer Bestandteil wahrhaft biblischer Exegese. Stoße ich auf eine mir »dunkle«, unverständliche Schriftstelle, habe ich zu sehen, wo die Bibel klare, unmißverständliche Ausführungen zum gleichen Thema macht. Grundsätzlich sind »dunkle« Stellen von »hellen« her zu erklären – nicht umgekehrt. Stoße ich auf die Ambivalenz geschichtlicher Bibeltexte, daß ich nicht weiß, ob das Berichtete vorbildhaft ist und eine göttliche Norm widerspiegelt oder ein außerordentliches oder gar als Warnung gedachtes Geschehen darstellt, habe ich im Vergleich von Schriftwort mit Schriftwort von klaren Lehraussagen etwa der neutestamentlichen Briefe auszugehen, um Berichte kontingenten Geschehens richtig zu deuten. Auf willkürlich gedeutete Geschichtsberichte der Bibel ist schon manche Sonderlehre aufgebaut worden! Weiter gilt grundsätzlich, daß die Einbeziehung der gesamten Bibel in ihrer offenbarungsgeschichtlichen Entfaltung der übergeordnete Deutungsrahmen sein muß gegenüber der Heranziehung außerbiblischer Parallelen zur Exegese. Immerhin ist zu sehen, daß in der neueren Theologie das Alte Testament und eine gesamtbiblische Theologie vergleichsweise stärkere Beachtung als Deutungsrahmen für neutestamentliche Auslegung finden, als das früher (zur Zeit der religionsgeschichtlichen oder existentialistischen Modetheologie) der Fall war. Eine Exegese, die Schriftwort mit Schriftwort erklärt und dabei von der ganzen Schrift *(tota scriptura)* als Autorität ausgeht, wird wenig offen sein für religionsgeschichtliche, philosophische und ideologische Überfremdungen der biblischen Botschaft. Umgekehrt wird die Auslegung in dem Maße anfällig für Fehldeutungen, subjektivistische Hypothesen und den Verlust des Blicks für die Einheit der Schrift, wie Reste sachkritischer Eingriffe in die Bibeleinheit die Relevanz des gesamtbiblischen Verstehensrahmens für die Exegese im Sinn eines »Kanons« im Kanon schmälern. Als Norm ist der biblisch-wissenschaftlichen Exegese die Schrift in ihrem abschließenden Wortlaut, und zwar die ganze, sich selbst erklärende Schrift, vorgegeben.

### 3.4.3 Die Bedeutung genauer Beobachtung

Die Betonung der genauen eindringlichen *Beobachtung*, der auch das Detail beachtenden *Wahrnehmung* und des gehorsamen *Hörens* auf den Text ist ein Erbe, das Adolf Schlatter einer biblischen Exegese in unserem Jahrhundert eindringlich mit auf den Weg gegeben hat. Er schreibt: »Was uns als Mitgliedern der universitas literarum (der Gesamtheit der Wissenschaften; d.Verf.) als unzerreißbare Pflicht obliegt, ist, daß wir in dem uns zugewiesenen Arbeitsbereich zum Sehen, zur keuschen, sauberen Beobachtung, zum Erfassen des wirklichen Vorgangs, sei er ein geschehener, sei er ein jetzt geschehender, gelangen ... Wissenschaft ist erstens Sehen und zweitens Sehen und drittens Sehen und immer und immer wieder Sehen.«[203] Und an anderer Stelle spricht er von der Bemühung, »tiefer in die Schrift hineinzukommen, ihr Wort richtiger aufzufassen und die Bedingungen dazu zu schaffen, daß ihr ein unbefangenes Ohr zugewendet werde, das sie nicht sofort mit den vorhandenen Traditionen vermengt, sondern unsere eigenen Gedanken mit entschlossenem Gehorsam beiseite stellt, um ihre Aussagen zu vernehmen.«[204] Im Grunde ist damit das wesentliche Anliegen einer dem Literalsinn verpflichteten historisch-philologischen Exegese genannt.

Genaue Beobachtung wendet sich zunächst einmal sorgfältig der **biblischen Sprache** zu. Von unschätzbarem Wert ist dabei eine genaue Kenntnis der biblischen Grundsprachen (Hebräisch, Griechisch, evtl. Aramäisch). Der Grundtext bietet die Möglichkeit, durch Variantenvergleich sich ein Urteil über die ursprüngliche Textgestalt und die Tragfähigkeit der jeweiligen Textüberlieferung zu bilden. Durch lexikalische und grammatisch-syntaktische Analysen, d.h. durch Erforschen der Wortbedeutungen und Nachzeichnen des jeweiligen Satzgefüges, kann man den Feinheiten des vom

[203] A.Schlatter, »Atheistische Methoden in der Theologie?«, in: ders., *Zur Theologie des Neuen Testaments und zur Dogmatik. Kleine Schriften* (hrg.v. U.Luck), 1969, S.142. – Daß Schlatter selbst andererseits grundsätzlich bereit war, über die genaue Beobachtung hinaus den Text auf Grund modernen (Besser-)Wissens auch sachkritisch zu behandeln, haben wir oben (2.2.1, S. 42f) bereits kritisiert.

[204] A.Schlatter, *Rückblick auf meine Lebensarbeit*, Stuttgart, $^{2}$1977, S.124.

Autor Gemeinten auf die Spur kommen. Stil und Komposition sind zu untersuchen. Eine eingehende Beschäftigung mit den alten Sprachen ist übrigens beste lutherische und pietistische Tradition[205], und nichts fördert exakte Exegese so sehr, wie die Liebe zum philologischen Detail. Auch wer Hebräisch und Griechisch nicht beherrscht, kann durch sorgfältigen Vergleich verschiedener wortgetreuer *(konkordanter)* und sinngetreuer *(dynamisch-äquivalenter)* Übersetzungen sowie durch genaues Achten auf den unterschiedlichen Wortgebrauch der Übersetzungen und auf die Gedankenfolge in den Sätzen den Wortlaut und Sinn biblischer Texte erstaunlich gut wahrnehmen. Doch wird ohne gründliche Kenntnis und Benutzung der alten Sprachen immer die Nachprüfbarkeit der Auslegungsergebnisse fehlen und eine gewisse Unsicherheit zurückbleiben.[206]

205 Schon Luther setzte sich in seinem Schreiben *An die Ratsherren aller Städte deutschen Landes* (1524) für genaue Kenntnis der biblischen Sprachen ein (im folgenden zitiert nach K.Aland (Hrg.), *Martin Luther – Die Hauptschriften*, Berlin, o.J., 4.Aufl.): »So lieb wie uns nun das Evangelium ist, so eifrig laßt uns auf die Sprachen achten. Denn Gott hat seine Schrift nicht umsonst nur in zwei Sprachen schreiben lassen, das Alte Testament in der hebräischen, das Neue in der griechischen. Hat die Gott nicht verachtet, sondern für sein Wort vor allen andern erwählt, so sollen wir sie auch vor allen andern ehren« (S.327). »Und das laßt uns gesagt sein, daß wir das Evangelium ohne die Sprachen wohl nicht behalten werden. Die Sprachen sind die Scheide, in der dies Messer des Geistes steckt ... Denn sobald nach der Zeit der Apostel die Sprachen aufhörten, nahm auch das Evangelium und der Glaube in der ganzen Christenheit mehr und mehr ab ... Und umgekehrt, jetzt, wo die Sprachen hochgekommen sind, bringen sie solch ein Licht mit und tun solch große Dinge, daß sich alle Welt verwundert und bekennen muß, daß wir das Evangelium so lauter und rein haben, grad wie die Apostel es gehabt haben ...« (S.328). Und: »Ein schlichter Prediger, das ist wahr, hat durch die Übersetzungen so viel klare Sprüche und Texte zur Hand, daß er Christus verstehen, lehren, heilig leben und anderen predigen kann. Aber die Schrift auszulegen und selbständig zu behandeln und gegen die irrigen Ausleger der Schrift zu kämpfen, reicht er nicht aus; das läßt sich ohne Sprachkenntnisse nicht machen« (S.329). – Und A.H. Francke verlangt von seinen Schülern in Halle (in: *Appendix zur Idea studiosi Theologiae*, 1712): Es »hat ein jeder, der das Studium Theologicum zu excoliren hier angelanget, sich zu befleißigen, daß er in seinem ersten anno Academico das Griechische Neue Testament zum wenigsten zweymal, die Ebräische Bibel aber einmal ordentlich und gantz durch tractire ...« (s. K.Aland, »Bibel und Bibeltext bei A.H.Francke ...«, in: *Pietismus und Bibel*, 1970,S.123)

206 Vgl. schon M.Luther, aaO., S.329: »Wie oft irrt sich St.Augustinus im Psalter und anderen Auslegungen ..., ja alle die, die es unternahmen, ohne die Sprachkenntnisse die Schrift auszulegen! Und wenn sie auch etwa das Richtige gesagt haben, so sind sie der Sache doch nicht gewiß geworden, ob es auch wirklich an der Stelle steht, wo sie es hineindeuten ... Und hier gibt's keine Hilfe, als die Sprachen kennen.«

Zur genauen Wahrnehmung und Beobachtung gehört zweitens ein sorgfältiges Achten auf die **geschichtlichen Umstände.** Schon Luther schrieb: »Um einen Propheten auszulegen, bedarfs einer doppelten Kenntnis: Das erste ist eine Kenntnis der Sprache, und damit kann man gewiß sehr weit kommen. Das andere ist aber noch nötiger, nämlich die Kenntnis der Geschichte.«[207] In konzentrischen Kreisen ist das geschichtliche Umfeld einer biblischen Aussage zu erforschen: Unter welchen Umständen und – gegebenenfalls – mit welchem Ziel wurde das geschrieben, was hier steht? Wer schreibt oder redet hier? Von wem wird hier berichtet? Welches sind die kulturellen oder politischen Voraussetzungen? Wo taucht der Gedanke früher schon einmal auf, woran also wird evtl. angeknüpft? Welche neuen Akzente tauchen hier vielleicht auf gegenüber einer früheren Behandlung des gleichen Themenkreises? Fragen dieser Art, die man beliebig vermehren könnte, lenken die Beobachtung auf den geschichtlichen Hintergrund und den historischen Kontext eines Bibelwortes. Je größer der Fundus des historischen Wissens, je sachlicher die Beobachtung an den Quellen, desto fruchtbarer wird die Wahrnehmung des Geschichtlichen für die Auslegung sein. Vertrautheit mit den historischen Quellen, ein kundiger Gebrauch von Nachschlagewerken und die Unbestechlichkeit des wahrnehmenden Sehakts bei gleichzeitiger Zurückhaltung in der Hypothesenbildung öffnen den Blick für das, »wie es gewesen« (L.v.Rancke).

Schließlich ist zu bemerken, daß ein **geschärftes Problembewußtsein** die Genauigkeit der Beobachtung oftmals erstaunlich vertiefen kann. Wie kann solch ein geschärftes Problembewußtsein erlangt werden? Es gibt hier verschiedene Möglichkeiten. Etwa kann das Lesen unterschiedlicher Kommentare zu einem Bibeltext zeigen, welche Wege der Auslegung zu diesem Text schon versucht worden sind. In ähnlicher Weise könnte man auch eine Abhandlung zur Auslegungs- und Wirkungsgeschichte dieses biblischen Textes oder Buches lesen. Nur wäre es verhängnisvoll, wenn solche Kommentare und Abhandlungen vom Text ablenken und zur eigentlichen Autorität für den Ausleger würden. Die genaue Beobachtung wäre dann gerade gestört. Vielmehr soll die Vielfalt der Ergebnisse und Interpretationen, der Erkenntnisse und Meinungen den Exege-

[207] *W.A.* 31 II, 1.5. Luther fügt noch hinzu, es gehe drittens um den »Gehalt, auf den es letztlich ankommt: so die Propheten zu lesen, daß wir uns auf den kommenden Christus rüsten.« Ich würde diesen – bei Luther christologisch, gefaßten Aspekt – den heilsgeschichtlichen Aspekt der Auslegung nennen. In Abschnitt 3.6 werden wir uns noch näher damit beschäftigen.

ten anspornen, sichtend und prüfend den Text umso genauer zu untersuchen, um zu sehen, wie es sich nun eigentlich verhält. Auch durch traditionsgeschichtliche Untersuchungen kann das Problembewußtsein geschärft werden. So kann es für die Auslegung eines schwierigen Kapitels wie Römer 9 mit seinen Prädestinationsaussagen sehr hilfreich sein, zunächst die verschiedenen Ausführungen des Alten Testaments und der Gruppen des Frühjudentums zum Thema »Prädestination und freier Wille« genau kennenzulernen, um auf diesem Hintergrund dann umso genauer beobachten zu können, inwiefern sich Paulus mit diesen Positionen deckt oder unterscheidet, und was er letztlich zum Ausdruck bringen will.[208] Die Gefahr, vor der man sich dabei aber hüten muß, ist, statt an den Voruntersuchungen nur das Problembewußtsein zu schärfen, die Ergebnisse dieser Untersuchungen in den Auslegungstext einzutragen und damit das Profil des Textes einzuebnen. Die genaue Wahrnehmung wäre dann gerade gestört. In manchen Fällen, schießlich, läßt sich die Schärfung der Beobachtungsgabe auch dadurch erreichen, daß man sich das heutige Denken zur gleichen Sache, die ein Bibeltext behandelt, bewußt macht und dann per Vergleich und Kontrast umso schärfer die Konturen des Bibelwortes wahrnimmt. Immer wird es letztlich aber darum gehen müssen, daß durch möglichst exakte sprachliche und geschichtliche Wahrnehmung der ursprüngliche Wortsinn eines Bibeltextes in größtmöglicher Klarheit erkannt wird.

## 3.5 Die Unverzichtbarkeit eines »pneumatischen« Ansatzes für biblische Exegese

Wie grundsätzlich bereits festgestellt (Abschnitt 3.3.2), ist das zweite Ziel biblischer Exegese die Erschließung der Botschaft der Bibel für das eigene Leben des Auslegers und für die, denen er dieses Wort weitergibt. Mit dieser Zielsetzung stellt sich biblische Exegese auf die Absicht des Bibelwortes ein. Biblische Geschichtsberichte sind überliefert, um dem Leser Orientierung für sein eigenes Leben zu geben (1.Kor.10,11). Die Schrift ist von Gott geoffenbart worden, um zu belehren, zu überführen, Gottes Gerechtigkeit zu vermitteln – kurz: um Menschen zu Menschen Gottes zu machen (2.Tim.3,16f).

[208] Als gutes Beispiel hierfür s. G.Maier, *Mensch und freier Wille. Nach den jüdischen Religionsparteien zwischen Ben Sira und Paulus*, Tübingen, 1971, 426 S.

Die Frage ist nur: Kann eine exegetische Methode das überhaupt leisten? Oder ist es nicht besser, diese existentiellen Anliegen ganz aus dem Bereich der Bibelauslegung auszugliedern und in die persönliche Meditation oder die Predigtlehre einzuordnen? Das Dilemma ist, daß letztere Möglichkeit nicht sachgemäß ist, dem ganzheitlichen Erkenntnisbegriff der Bibel nicht entspricht und auch dem modernen, nicht auf der semantischen Ebene abbrechenden Informationsbegriff nicht gerecht wird, daß andererseits aber nach biblischem Verständnis eine menschliche Methode an sich diese existenzverändernden Wirkungen des Gotteswortes nicht freisetzen kann. Dies ist vielmehr dem Wirken des Geistes Gottes vorbehalten. Nur: Weht dieser Geist nicht, wo er will (Joh.3,8)? Ist die pneumatische Dimension damit nicht dem methodischen Vollzug der Exegese entzogen?

### 3.5.1 Das Problem von Geist und Methode

Immer wieder wurde im Laufe der Theologiegeschichte der Heilige Geist entweder in Gegensatz zum Wortlaut der Schrift – nach dem Motto: »Der Buchstabe tötet, der Geist macht lebendig« (in Verkennung des eigentlichen Sinnes von 2.Kor.3,6!) – oder in Gegensatz zu einer geordneten Auslegungsmethode gesetzt. Ernst von Dobschütz beschreibt die unrühmliche Frühgeschichte der »pneumatischen« Bibelauslegung folgendermaßen: »Wenn die griechischen Väter von pneumatischer Auslegung sprachen und diese als das Höhere der somatischen und der psychischen gegenüberstellten, so meinten sie einfach allegorische Umdeutung dogmatischer oder mystischer Art. Und wenn in den Tagen Augustins Mönche für eine pneumatische Exegese sich einsetzten, so war es enthusiastische, von aller exegetischen und dogmatischen Tradition der Kirche gelöste Bibelauslegung, die der große Kirchenvater mit Recht im Namen der Kirche wie der Wissenschaft bekämpfte. Enthusiastisch war auch die Auslegung der Schwarmgeister in der Reformationszeit, die mehr ihrem inneren Licht als dem Buchstaben der Bibel folgten.«[209] Doch wie sollte sich der Heilige Geist, der den Wortlaut der Schrift eingegeben hat, in Gegensatz zu diesem setzen? Auch die Konstruktion eines Gegensatzes zwischen Geist und Methode, wie er sich bis in neueste Zeit bei Vertretern eines »pneumatischen Ansatzes« nachweisen läßt[210], erweist sich als unangemessen. Der Geist ersetzt ja

[209] E.v.Dobschütz, *Vom Auslegen des Neuen Testaments*, Göttingen, 1927, S.49.

[210] Vgl. etwa A.Sierszyn, *Die Bibel im Griff?*, Wupertal, 1978, S.78ff. Siehe dazu oben, S. 79f.

nicht den Verstand, sondern er erneuert ihn und gebraucht ihn! (Rö.12,2; 1.Kor.14,19ff). Es gilt nicht, den Vollzug geordneten Denkens aufzugeben, wohl aber, das Denken unter den Gehorsam Christi zu bringen (2.Kor.10,5). Und wie G.Maier bemerkt, hat der Heilige Geist bei der Bibelinspiration durchaus auch das methodische Vorgehen der menschlichen Schreiber in Dienst genommen: »Eines der eindrücklichsten Beispiele methodischer Arbeit findet sich im Neuen Testament selbst, nämlich das lukanische Doppelwerk (Lk.1,1–4; Apg.1,1f). Von daher läßt sich eindeutig entscheiden, daß der Heilige Geist nicht in die Aufgabe der Methode, sondern in die von der Schrift her normierte Methode führt.«[211]

Für andere Theologen ist der Heilige Geist geradezu der Inbegriff des Unverfügbaren, Unständigen und Nicht-Festgelegten. So rechnet Rudolf Bultmann weder mit der möglichen Innewohnung des Geistes im Exegeten, noch mit dem Vorliegen eines geistgeoffenbarten Gotteswortes in der Bibel: »Weil es keine unmittelbare Begegnung mit Gott gibt, sondern weil seine Offenbarung im Wort verhüllt ist, kann es auch keine Berufung auf ein inneres Licht, kann es keine pneumatische Exegese geben, die mit dem Pneuma als vorausgegebenem Besitz des Exegeten rechnet . . .«[212] Und Karl Barth bescheidet kurz und bündig: »Das *pneuma Christou* ist kein Standpunkt, auf den man sich stellen kann, um von hier aus Paulus oder wen auch immer zu schulmeistern.«[213] Oder auch: »Was im Römerbrief *zu Worte* kommt, das sind überhaupt nur die ›andern‹, die von ihm (Bultmann) angeführten jüdischen, vulgärchristlichen, hellenistischen und sonstigen ›Geister‹. Oder auf welche Stelle könnte man etwa den Finger legen mit der Behauptung, daß *da* nun ausgerechnet das *pneuma Christou* zu Worte komme? . . . *Alles* ist *litera,* Stimme der ›andern‹ Geister und – ob und inwiefern *Alles* etwa auch . . . als Stimme des *spiritus* (Christi) verstanden werden kann, das ist die Frage, mit der die *litera* studiert werden muß.«[214] Rudolf Bohren wirft beiden – Barth wie Bultmann – ein aktualistisches, den Geist von der Geschichte trennendes und insofern doketisches Geistverständnis vor, und stellt dann fest: »Der Geist ist doch nicht nur der

[211] G.Maier, *Heiliger Geist und Schriftauslegung,* Wuppertal, 1983, S.27.

[212] R.Bultmann, »Das Problem einer theologischen Exegese im Neuen Testament«, *Zwischen den Zeiten* 3(1925), S.356.

[213] K.Barth, *Der Römerbrief* (Vorwort), München, $^{4}$1924, S.XXII. (Selbstverständlich kann es um ein »Schulmeistern« niemals gehen! Doch geht es Barth auch vielmehr darum, daß der Hlg. Geist kein »Standpunkt« ist, mit dem man fest rechnen und von dem man ausgehen kann.)

[214] ebd., S.XX.

schlechthin Unberechenbare, der weht, wo er will. Im Geist hat sich Gott doch ebenso festgelegt wie im Sohn. Es ist doch nicht nur so, daß auf das Wort Verlaß wäre und auf den Geist eben nicht. Kann um den Geist gebetet werden, dann ist auf ihn zu hoffen, mit ihm zu rechnen. Diese Dialektik des Geistes bedeutet für die Methodik: sie kann seiner nicht habhaft werden, soll aber auf ihn eingestellt sein. Nicht der Geist ist ein Instrument der Methode, die Methode kann aber ein Instrument des Geistes sein.«[215]

Damit ist eine erste, entscheidende Einsicht ausgesprochen: *Die Methode soll auf den Geist eingestellt sein* und kann als solche vom Geist gebraucht werden. Eine auf den Geist eingestellte Methode muß 1) eine konsequent bibelgemäße Methode sein: d.h. eine ihre Sprachlichkeit und Geschichtlichkeit, wie auch ihre Inspiration, ihren Wahrheitsanspruch und ihren existentiellen Anredecharakter ernstnehmende Methode. Eine sich sachkritisch über das geistgewirkte Wort erhebende Methode wird in ihrer Sündigkeit kaum zum Instrument des Heiligen Geistes werden. Vor allem wird 2) eine auf den Geist eingestellte Methode das Wirken und Reden des Geistes nicht *jenseits* des Bibeltextes erwarten, sondern *im* vom Geist gewirkten Wort. Hans-Joachim Iwand hat das einmal so formuliert: Wir müssen »nun doch da anklopfen, wo einmal – wenn Gottes Gnade gibt – aufgetan wird, . . . dort suchen, wo die Verheißung des Findens uns gegeben ist. Der Buchstabe der Schrift ist nun einmal diese Stelle, wo wir anklopfen dürfen und müssen, und ohne die Mühe um den Buchstaben wird die Gabe des Geistes nicht empfangen.«[216]

Zum andern geht es bei dem pneumatischen Ansatz tatsächlich darum, *daß der Ausleger ein mit Heiligem Geist Beschenkter ist,* der um die Realität des Geistes weiß, um Gehorsam und Erleuchtung bei der Beschäftigung mit der Bibel bittet und darum betet, daß der Heilige Geist rechten Glauben und geistliche Frucht durch die Erkenntnis des Wortes wirkt. Es geht also nirgends um eine »pneumatische Methode«, sondern vielmehr um eine auf den Geist eingestellte Methode und um den geistlichen Ausleger. Wobei für diesen gilt: »Dem Pneumatikos aber werden die Erkenntnisse, auch das Verständnis des Neuen Testaments, nicht durch übernatürliche Offenbarungen zuteil, sondern durch sorgfältige Arbeit.«[217] Gerade der »pneumatische« Ausleger weiß sich an den geistgewirkten Wortlaut

[215] R.Bohren, *Dem Worte folgen,* München/Hamburg, 1969, S.90.
[216] H.J.Iwand, *Predigt-Meditationen,* Göttingen, 1963, S.94.
[217] E.v.Dobschütz, aaO., S.47.

des Textes gewiesen. Und er arbeitet mit sorgfältiger Wahrnehmung und zugleich als ein um die Erschließung des Wortes Betender am Text der Schrift – ganz in sinngemäßer Anwendung des Engelwortes aus dem Danielbuch: »So gib acht auf das Wort und laß' dir Verständnis schenken für das Gesicht!« (Dan.9,23b).[218] Denn er weiß mit Luther um das Problem, daß die Erforschung des Wortlauts der Schrift angesichts ihrer »äußeren Klarheit« *(claritas externa)* zwar mit Hilfe genauer Beobachtung möglich ist, damit aber die »innere Klarheit« *(claritas interna)*, d.h. die nur durch den Heiligen Geist mögliche Erschließung der Kraft und Wahrheit des Wortes noch nicht automatisch gegeben ist. Oder wie Calvin es ausgedrückt hat: »Unser stumpfer Geist faßt Gottes Licht nicht. Darum wird ohne Erleuchtung durch den Heiligen Geist mit dem Worte nichts ausgerichtet« (*Institutio* III.2,33). Und: »Was der (menschliche) Geist getrunken, muß also noch ins Herz selbst ergossen werden. Denn man hat Gottes Wort durchaus noch nicht im Glauben ergriffen, wenn man es oben im Kopf herumwälzt, sondern erst, wenn es tief unten im Herzen Wurzel schlägt . . . Darum wirkt der Heilige Geist wie ein Siegel: er bekräftigt dieselben Verheißungen in unseren Herzen, deren Gewißheit er zuvor in unseren Verstand prägte« (*Institutio* III.2,36).

### 3.5.2 Grundzüge einer biblischen Erkenntnislehre

Wir wollen das, was wir soeben über den pneumatischen Ansatz bei der Exegese sagten, noch am Beispiel eines biblischen Textes vertiefen, der uns Grundzüge einer biblischen Gnoseologie aufzeigt. In den beiden Korintherbriefen finden wir in einer Eindringlichkeit, wie kaum sonstwo in der Bibel, die natürlichen Grenzen des gefallenen Denkens, und zugleich die Möglichkeiten eines geistgewirkten Erkenntnisvermögens beim erlösten Menschen vor Augen geführt. Ein falscher hellenistischer – manche meinen: (proto-)gnostischer –

218 Dazu kommentiert G.Maier, *Der Prophet Daniel*, Wuppertal, 1982, S.337: Das »Wort Gottes erfordert unser ›Achtgeben‹ und ›Verständnis‹. Sonst besitzt es nur die äußere, z.B. die sprachliche oder intellektuelle Klarheit, nicht aber die innere, die den Menschen überzeugt, verwandelt und in den Dienst stellt. Wenn der Engel sagt: ›So gib acht auf das Wort‹, dann betont er das Studium, die menschliche Anstrengung – die in der prophetischen Schau ja nicht ausgeschlossen sind! Wenn er sagt: ›so laß dir Verständnis schenken‹, dann betont er das hingebende Hören, das betende Lauschen und den Empfang der Erleuchtung. Beides: das menschliche Bemühen und das von Gott Erleuchtetwerden gehören zusammen und ergeben erst in ihrer Gesamtheit das ausreichende Verständnis.«

Erkenntnisbegriff in den Reihen der Korinthergemeinde war Anlaß für Paulus, diesem Thema nähere Ausführungen zu widmen.

Wie es um natürliche Erkenntnisgrenzen und geistliche Erkenntnismöglichkeiten steht, macht Paulus am »Wort vom Kreuz« deutlich: »Denn das Wort vom Kreuz ist denen, die verloren gehen, Torheit, uns aber, die gerettet werden, ist es Gottes Kraft« (1.Kor.1,18). Und: »Wir aber verkündigen Christus als Gekreuzigten, den Juden ein Skandal, den Nationen eine Torheit; den Berufenen aber, Juden wie Griechen, Christus als Gottes Kraft und Gottes Weisheit« (Vv.23.24). Bei diesem »Wort vom Kreuz« geht es – wie Paulus später im Korintherbrief sagen wird – darum, »daß Christus gestorben ist für unsere Sünden nach der Schrift« (1.Kor.15,3).

Dieses Wort kann man nun mit dem natürlichen Verstand *historisch* analysieren. Den Korinthern war aus eigener Anschauung ohnehin klar, wie eine Kreuzigung vor sich ging. Und sie konnten auch in Erfahrung bringen, daß Jesus unter Pontius Pilatus am 3.April 33 (oder am 7.April 30) in Jerusalem gekreuzigt worden war – einschließlich der näheren Umstände. All das kann der natürliche Verstand ohne weiteres leisten. Und er kann das »Wort vom Kreuz« auch *sprachlich* analysieren. Er kann feststellen, daß Paulus nicht nur historisch von der Kreuzigung Jesu sprach, sondern diesem Geschehen zugleich eine bestimmte Deutung gab: »Er starb für unsere Sünden nach der Schrift.« Philologisch-biblische Exegese wird unschwer – mit den Möglichkeiten des menschlichen Verstandes – feststellen, daß hier (»nach der Schrift«) an die Sühneopfertheologie und gewisse messianisch-prophetische Texte (etwa Jes.53,4ff) des Alten Testaments angeknüpft wird, die nach dem Schema »Verheißung-Erfüllung« in Christi Opfertod als erfüllt angesehen werden. Auch läßt sich philologisch und theologisch ohne weiteres festellen, daß Paulus das Geschehen von Golgatha nicht nur rückschauend in Erinnerung rufen wollte, sondern es (im Sinne des *pro me*: ». . . für unsere Sünden«) als ein uns alle angehendes göttlich-stellvertretendes Sühnehandeln begriff. Das alles läßt sich mit der notwendigen sachlichen und sprachlichen Kenntnis distanziert intellektuell »erkennen«. Aber wenn es darum geht, Stellung zu dem so verstandenen Wort zu beziehen, stößt das Wort bei den Griechen und Juden von damals, wie bei den Skeptikern und manchen modernen Exegeten von heute, auf Ablehnung: Für die einen war es töricht und skandalös, für die anderen scheint es der radikalen Uminterpretation bedürftig. Was geistlich tatsächlich am Kreuz von Golgatha geschah, bleibt dem sündigen Menschen mit seiner gefallenen Vernunft verborgen (vgl. 1.Kor.2,7–8). Er erkennt damit nur einen Ausschnitt der umfassenden Wirklichkeit und verkennt die geistlichen Realitäten.

Aber gerade diese tatsächliche, der geistlichen Wirklichkeit entsprechende Bedeutung des geschichtlichen Kreuzesgeschehens wurde von Gottes Geist den Aposteln – bis in die Formulierung der Worte hinein – geoffenbart (1.Kor.2,10–13). Nur, und nun kommt der hermeneutische Kernvers: »Der natürliche (psychische/seelische) Mensch *nimmt nicht an*, was vom Geist Gottes ist; denn es ist ihm eine Torheit, und *er kann es nicht erkennen*, weil es geistlich (pneumatisch) beurteilt werden muß« (1.Kor.2,14). Damit sind zwei grundsätzliche Aussagen getroffen: 1) Ohne das Wirken des Heiligen Geistes nimmt der natürliche Mensch die Wahrheit des Wortes nicht an, bleibt also – möglicherweise trotz historisch-grammatischen Verstehens – in existentieller Distanz dazu. Und 2) kann er das Wort ohne den Geist nicht »verstehen«, es bleibt ihm »Torheit«. An anderer Stelle macht Paulus deutlich, daß dieses Nicht-verstehen-Können durchaus auch mit einer Verblendung der Sinne durch »den Gott dieser Welt« zu tun haben kann – eine geistliche Dimension, die in unserer Theologie heute so gut wie gar nicht zur Kenntnis genommen wird (2.Kor.4,3.4). Hier kann es nötig werden, daß solche Verstehenshemmnisse durch geistlich bevollmächtigtes Handeln eingerissen werden müssen, damit das gesamte Denken »gefangen genommen wird unter den Gehorsam Christi« (2.Kor.10,4.5). Was immer nun die Ursache ist – Verblendung durch eine geistliche Macht, vernunftmäßiger Widerstand gegen Gottes Offenbarung oder das schlichte Unvermögen des gefallenen Menschen: Immer haben wir es mit einem Nicht-verstehen-Können zu tun. Was ist damit gemeint? Historisch-grammatisch, das heißt: auf semantischer Ebene, ist das Bibelwort angesichts seiner »äußeren Klarheit« doch durchaus verständlich!

Nun geht es hier aber nicht einfach um intellektuelles Verstehen (griechischer Erkenntnisbegriff), sondern um eine Begegnung mit dem Verkündeten (hebräischer Erkenntnisbegriff). »Erkennen« (hebr. *yada'*) bedeutet im Hebräischen mehr als nur distanziert intellektuelles Wahrnehmen. Es hat vielmehr mit persönlicher Begegnung mit der Sache zu tun, mit einem Sich-Einlassen auf das Erkenntnisobjekt. Entsprechend geht es bei der Erkenntnis des »Wortes vom Kreuz« nicht nur um ein semantisches Erfassen, auf das man dann mit Skepsis und Distanz reagiert, sondern um Annahme der Botschaft dieses Wortes (1.Kor.2,14), um Wahrnehmung der göttlichen Weisheit und Erfahrung der rettenden Kraft dieses Wortes (1.Kor.1,18.24).

Man könnte geradezu von einer »Hermeneutik der Begegnung«

sprechen, einer Begegnung mit der Wahrheit und Realität des im Wort Gesagten, einer Begegnung auch mit der lebensverändernden Kraft dieses Wortes. Erst wenn es zu der Erkenntnis kommt, daß das, was da steht, nicht nur theologische Meinung des Paulus war, sondern den göttlichen Realitäten in der Geschichte entspricht, erst, wenn der Ausleger sein Denken dieser Wahrheit öffnet und unterordnet und dieses Wort an sich ausrichten läßt, wozu es Gott gesandt hat, ist die genaue Beschäftigung mit der Bibel an ihr Ziel gelangt. Und eben dieses Ziel kann nur durch das Wirken des Heiligen Geistes erreicht werden, um das der Ausleger beten kann und soll. Er kann dieses Ziel nicht aus eigenen Kräften und Möglichkeiten erreichen. Und er macht sich umgekehrt des Ungehorsams schuldig, wenn er es nicht erreicht. Von daher ist ein pneumatischer Ansatz für die Exegese, die nicht auf der semantischen Ebene abbricht, unumgänglich.

## 3.6 Heilsgeschichtliches Denken als Hilfe für die Schriftauslegung

Wie wir weiter oben sahen, haben in der Entwicklung der evangelikalen Hermeneutik zwei Grundkonzepte prägenden Einfluß ausgeübt: der »pneumatische« und der »biblisch-methodische« Ansatz. Beide enthielten wesentliche Grundeinsichten, die zur Synthese gebracht werden mußten. Nun gibt es allerdings noch ein drittes Element, das meines Erachtens unverzichtbar ist für das Gelingen sachgemäßer biblischer Exegese. Ich meine die Berücksichtigung heilsgeschichtlicher Einsichten bei der Schriftauslegung.[219] Die Bibel ist der literarische Niederschlag der Offenbarung Gottes in der Heilsgeschichte (s. dazu Abschnitt 1.2). Sie ist nicht monolithisch in einem Nu als dogmatisches Kompendium entstanden, sondern dokumentiert uns das geschichtliche Handeln Gottes mit seinem Volk durch die Jahrhunderte und läßt uns die Offenbarungsgeschichte Gottes durch die Zeitalter von der Schöpfung bis zur Vollendung transparent werden. Auf diese offenbarungs- bzw. heilsgeschichtliche Dimension hat sich sachgemäße Exegese einzustellen.

[219] Als erster hat m.W. Erich Lubahn, *Mit der Bibel arbeiten – eine Verstehenshilfe*, Wuppertal, 1979, S.51–60, in einem lesenswerten Abschnitt über »Heilsgeschichtliches Bibelverständnis« die heilsgeschichtliche Dimension für die neuere evangelikale Hermeneutik erschlossen. – Vgl. nun auch den Sammelband H.Stadelmann (Hrg.), *Epochen der Heilsgeschichte – Beiträge zur Förderung heilsgeschichtlicher Theologie*, Wuppertal, 1984.

### 3.6.1 Heilsgeschichtliches Denken bewahrt vor geschichtsloser Bibelbetrachtung und gottloser Geschichtsbetrachtung

Seit jeher war heilsgeschichtliches Denken der Feind geschichtsloser theologischer Systeme. Als im 2.Jahrhundert die gnostische Ideenreligion weithin ihre faszinierende Wirkung ausübte, setzte Irenäus diesen Gedankengebäuden einen biblisch-heilsgeschichtlichen Entwurf entgegen.[220] Und die existentialphilosophische Überfremdung biblischen Glaubens in der Theologie Rudolf Bultmanns und seiner Schüler sah sich durch nichts so herausgefordert, wie durch biblische Heilsgeschichte.[221] Wer heilsgeschichtlich denken gelernt hat an der Bibel, weiß, daß biblischer Glaube nicht ein religiöses Ideensystem ist, ausgedacht von religiösen Genies. Vielmehr ist der biblische Glaube das Produkt konkreten Handelns Gottes in der Geschichte. Daß die Bibel das so durchgehend bezeugt, liegt für jeden auf der Hand. Daß diesem Zeugnis geschichtlich-göttliche Realität entspricht, wird der »natürliche« Mensch leugnen, der geistliche dagegen, dem sich die Christusoffenbarung erschlossen hat, wird es annehmen. Er wird die biblischen Berichte als Offenbarungswort erkennen, das uns das sichtbare, hörbare, fühlbare – oder auch geheimnisvoll still wirkende – Einbrechen der Offenbarungsdimension Gottes in Raum und Zeit erschließt, und wird die Texte entsprechend sachgemäß auslegen, ohne die geschichtlichen Berichte als mythologische Einkleidungen zeitloser Wahrheiten zu verfremden und ein »Kerygma« zu konstruieren, dem kein historisches Handeln Gottes in der Welt mehr entspricht. Damit bewahrt ein biblisch-heilsgeschichtliches Denken, das sich selbst von geschichtsphilosophischen Schemata freihält, die Exegese vor der Bevormundung durch wechselnde Philosophien und öffnet den Weg zu einem sachgemäßen Bibelverständnis.

220 Vgl. A.Bengsch, *Heilsgeschichte und Heilswissen. Eine Untersuchung zur Struktur und Entfaltung des theol.Denkens im Werk ›adversus haereses‹ des Hlg.Irenäus von Lyon*, Leipzig, 1957.

221 Bultmann sprach gerne von Christus als dem »Ende der Geschichte« (ders., *Das Urchristentum im Rahmen der antiken Religionen*, Zürich, 1949, S.203f) und lehnte von da aus jede Heilsgeschichte ab; vgl. ders., »Heilsgeschichte und Geschichte«, *ThLZ* 11 (1948), Sp.659–666. Ähnlich sein Schüler G.Klein, »Bibel und Heilsgeschichte. Die Fragwürdigkeit einer Idee«, *ZNW* 62 (1971), S.1–47. – Den stärksten Widerpart gegen Bultmanns geschichtslos-philosophisches System bildeten die heilsgeschichtlichen Werke von O.Cullmann, *Christus und die Zeit*, Zürich, $^{3}$1962; ders., *Heil als Geschichte*, Tübingen, $^{2}$1967; sowie ders. »Gottes Heilsplan für die Weltgeschichte«, *Evang.Kommentare* 7 (1974), S.730–733.

### 3.6.2 Heilsgeschichtliches Denken nimmt das Fortschreiten der Offenbarung ernst

Die Bibel berichtet uns von Gottes Handeln in der Geschichte der Welt. Dabei spricht sie auch von Gottes Überwalten und Erhalten in der Universalgeschichte. Doch dies ist nicht mit »Heilsgeschichte« gemeint. In der Universalgeschichte, die ja immer auch menschliche Sünden- und Rebellionsgeschichte ist, ein Tummelplatz widergöttlicher Bestrebungen und Mächte, wirkt Gott zwar auch als der »verborgene Gott«, der *deus absconditus*, in Erhaltung und Gericht, sowie – *confusione hominum, providentia dei*, d.h. in allem menschlichen Wirrwarr, doch auf Grund seiner Vorhersehung – als Lenker der Geschichte. Die Heilsgeschichte dagegen hat es mit dem offenbaren Gott, dem *deus revelatus*, zu tun. Heilsgeschichte zeigt sich da, wo uns die Bibel Gottes konkretes Handeln in bestimmten geschichtlichen Situationen deutet. Heilsgeschichte manifestiert sich, wo Gott zu bestimmten Zeiten und Orten erwählend in den Geschichtslauf eingreift.[222] In seiner Gnade erwählt Gott sich einzelne Menschen als Boten und Offenbarungsträger; er erwählt sich sein Volk Israel aus allen Völkern heraus; er erwählt einen Überrest und sendet, als die Zeit erfüllt war, seinen Sohn zur Erlösung; er erwählt Apostel, die die Botschaft von Jesus zu allen Völkern tragen und erwählt sich aus allen Völkern seine Gemeinde. Mit seinen Erwählten schließt er Bündnisse: den Noahbund, den Abrahamsbund, den Sinaibund und den Neuen Bund. Dabei ist der Bündnisgott immer derselbe, aber die Bundesstipulationen, ja, die Bundesarten (bedingte und unbedingte Bündnisse) sind durchaus verschieden. Und auch Umfang und Dauer der Bündnisse variieren: so gilt der Noahbund bedingungslos und gesamtkosmisch solange die Erde steht (1.Mo.8,21ff); der Abrahamsbund ist ohne jede Bedingung einseitig von Gott verfügt und gilt auf unbegrenzte Dauer für Abraham und seine erwählten (leiblichen und geistlichen) Nachkommen (1.Mo.15; Gal.3); der Gesetzesbund vom Sinai ist an Bedingungen geknüpft und gilt für Israel als ein »Intermezzo« in Gottes Heilsplan für die Zeit von Mose bis Christus (Gal. 3+4; 2.Kor.3,3ff)[223]; und der Neue Bund, ein alttestamentliches Verheißungsgut für die messianische Zeit und durch Christi Kreuzestod gestiftet, geht an denen in Erfül-

[222] Dieses Erwählungshandeln als konstitutiven Faktor von »Heilsgeschichte« betont besonders W.Künneth, »Mitte und Struktur biblischer Heilsgeschichte«, in: *Epochen der Heilsgeschichte*, S.31f.

[223] Siehe dazu Cl.Rogers, »Paulus und die Heilsgeschichte«, in: *Epochen der Heilsgeschichte*, S.58–60.

lung, die zu Jesus, dem Messias gehören (Jer.31,31ff; 2.Kor.3; Hebr.8). Nach der Zeit des Gesetzes, die umfangmäßig den größten Teil des Alten Testaments abdeckt, offenbart Gott als »Geheimnis« das Zeitalter der aus geretteten Juden und Heiden bestehenden Gemeinde (Eph.3,1–12; Kol.1,24–29; Rö.16,25).[224] Und am Ende des gegenwärtigen Zeitalters, nach den Wehen der Endzeit, wird der wiedergekommene Christus für eine begrenzte Zeit sein messianisches Reich auf dieser Erde aufrichten (Offb.20).[225] So gibt es unterschiedliche »Heilsordnungen« *(Ökonomien)* (vgl. Eph.1,10; 3,9)[226], die Gott in der Geschichte manifestiert. In fortschreitender Offenbarung enthüllt Gott seinen Willen und Plan. Anfänge und Fortgänge, Einschnitte und Neueinsätze, Kontinuität und Diskontinuität kennzeichnen das souveräne offenbarungsgeschichtliche Wirken Gottes mit seinem Volk.

Mit diesen kurzen Hinweisen auf Elemente der fortschreitenden Offenbarung kann selbstverständlich nicht annähernd das Ganze der Heilsgeschichte dargestellt sein.[227] Doch kann bereits anhand dieser fragmentarischen Anmerkungen einsichtig gemacht werden, daß die heilsgeschichtliche Berücksichtigung der fortschreitenden Offenbarung hermeneutische Konsequenzen für die Bibelauslegung haben wird. Wir nennen nur einige Punkte:

1) Erstens wird es wichtig sein, daß der Ausleger sich über seinen eigenen Standpunkt innerhalb der Heilsgeschichte Rechenschaft gibt. Der heutige Ausleger befindet sich im Zeitalter der Gemeinde Jesu, in der Zeit zwischen dem ersten und zweiten Kommen Christi, die noch zum »alten Äon« mit seinen Begrenzungen zählt, aber auch schon auf den Anbruch der Vollendung in Christi Kreuz und Auferstehung zurückblicken kann, deren volle Auswirkung er von Gottes eschatologischer Zukunft erwartet.

2) Zweitens wird der gewissenhafte Ausleger versuchen, in exakter historisch-philologischer Exegese jeden heilsgeschichtlichen Abschnitt aus der jeweiligen Zeit heraus zu verstehen. Es ist unsachgemäß, in der Bibel alles auf eine Ebene zu ziehen und zu einem dog-

224 Vgl. Cl.Rogers, aaO., S.60–62.

225 Vgl. dazu H.Stadelmann, »Das Zeugnis der Johannesoffenbarung vom tausendjährigen Königreich Christi auf Erden«, in: G.Maier (Hrg.), *Zukunftserwartung in biblischer Sicht*, Wuppertal, 1984, S.144–160.

226 S. zum Begriff O.Michel, Art. »oikonomia«, *Theol. Wörterbuch* Bd.5(1954), S.154f.

227 Eine ausführliche Darstellung biblischer Heilsgeschichte bietet E.Sauer, *Das Morgenrot der Welterlösung*, Wuppertal, (1937) [6]1976; und ders., *Der Triumph des Gekreuzigten*, Wuppertal, (1937) [11]1983.

matischen Einerlei einzuebnen. Das alte Israel zur »Kirche« zu erklären, oder Mose und David zu »Christen« zu machen, trägt nicht zu biblischer Klarheit bei. Das alte und das neue Bundesvolk Gottes sind nun einmal nicht das gleiche! Historisch-heilsgeschichtliche Bibelauslegung stellt sich die Aufgabe, jeden Abschnitt der Heiligen Schrift auf seinem eigenen Hintergrund in seiner ursprünglichen Aussageabsicht und Bedeutung zu verstehen.

3) Drittens wird der Ausleger im Vergleich verschiedener Texte aus unterschiedlichen Epochen der Offenbarungsgeschichte auf das Problem von Kontinuität und Diskontinuität stoßen. Durchgehend stößt er auf den gleichen heiligen und liebenden Gott. Durchgehend stößt er auf die Tatsache, daß Gott dem Menschen jeweils Gebote gibt, die den Gehorsam des Menschen fordern und ihn zur Heiligkeit rufen. Durchgehend stößt er auf das Motiv des Erlösungshandelns Gottes, durch das er dem ungehorsamen, sündigen Menschen Heil anbietet und ermöglicht (usw.). Aber er wird auch schnell merken, daß Gott zu unterschiedlichen Zeiten durchaus unterschiedliche Anweisungen gab, anhand derer er den Gehorsam des jeweiligen Menschen prüfte. So war es zu Abrahams Zeit durchaus Gott wohlgefällig, wenn der Hausvater für seine Familie neben seinem Zelt ein Opfer darbrachte. Seit der Gottesoffenbarung am Sinai hätte ihm das aber als Ungehorsam ausgelegt werden können: Denn jetzt forderte Gott, daß Opfer durch den Priester in der Stiftshütte und später im Tempel dargebracht werden sollten. Und zu neutestamentlicher Zeit ist uns das vollgültige Opfer Jesu gegeben. In der Ehescheidungsfrage unterscheidet Jesus (Mt.19,1–9) zwischen der ursprünglichen Schöpfungsordnung, die Scheidung nicht vorsah, der Zeit des Gesetzes, in der sie als Notordnung zugelassen wurde, und der neutestamentlichen Zeit, die wieder auf die ursprüngliche Ordnung als Wille Gottes zurückkommt. Was das alttestamentliche Gesetz betrifft, kann Paulus betonen, er sei nicht mehr unter dem mosaischen Gesetz, sondern unter dem »Gesetz Christi« (1.Kor.9,20.21). Die Beispiele ließen sich vermehren. Der sorgfältig heilsgeschichtlich arbeitende Bibelausleger wird die Unterschiede wie auch die durchgehenden Linien im offenbarungsgeschichtlichen Handeln und Reden Gottes genau berücksichtigen und so die Fülle der biblischen Aussagen ohne dogmatisches Einebnen am umfassendsten wahrnehmen können.[228]

[228] So G.Maier in seinem »Geleitwort« zu: *Epochen der Heilsgeschichte*, S.9, in dem er von einem »fünffachen Vorteil« heilsgeschichtlicher Theologie spricht. Vgl. ebd., S.10: »Gott muß nicht in jeder heilsgeschichtlichen Epoche dasselbe sagen. Aber er läßt eins aus dem andern hervorgehen.«

4) Viertens wird heilsgeschichtliches Denken von großer Hilfe für die richtige Anwendung exakt ausgelegter Bibeltexte sein. Schon Luther hat in seiner »Unterweisung wie sich Christen in Mosen sollen schicken« von 1527 geschrieben: »Man muß mit der Schrift säuberlich handeln und fahren. Das Wort ist von Anfang an in mancherlei Weise geschehen; man muß nicht allein ansehen, ob es Gottes Wort sei, ob es Gott geredet habe, sondern viel mehr, zu wem es geredet sei, ob es dich treffe oder einen andern. Da scheidet sichs denn wie Sommer und Winter ... Es ist zweierlei Wort in der Schrift: Eines geht mich nicht an, betrifft mich auch nicht. Das andere betrifft mich. Und auf dasselbige, das mich angehet, mag ichs kühnlich wagen« (*W.A.*24,12.14–24). Die ganze Heilige Schrift ist unantastbares Gotteswort. Die ganze Heilige Schrift kann mir auch – in allen ihren Teilen – geistlich nützlich sein, mir Gottes Wesen und Wege mit den Menschen zeigen. Aber nicht alles in der Schrift ist *direkt* auf mich anwendbar. Manches ist für andere Heilsepochen zu anderen Empfängern der Offenbarung gesagt. Da liest ein Christ das alttestamentliche Beschneidungsgebot: Soll er nun sich und alle männlichen Mitglieder seines Haushaltes beschneiden lassen? Würde er dies tun, hätte er verkannt, daß diese Ordnung für die Zeit der Gemeinde nicht mehr gegeben ist (Gal.5,2). Ein anderer tritt unter Berufung auf Jes.2,4 als grundsätzlicher Pazifist auf: »Sie werden ihre Schwerter zu Pflugscharen umschmieden ...; kein Volk wird gegen das andere Volk das Schwert erheben, und sie werden nicht mehr den Krieg einüben!« Alle Staatsgewalt lehnt er folglich als unbiblisch ab – verkennt dabei aber, daß dieses Jesajawort eine Prophetie auf die künftige messianische Heilszeit ist, während für die jetzige Epoche nach Rö.13,4 gilt: Die Obrigkeit »trägt das Schwert nicht umsonst; sie ist Gottes Dienerin, eine Vergelterin zur Vollziehung des Zorns an dem Übeltäter!« Wieder ein anderer liest in Jes.53,4.5, daß Jesus (der Gottesknecht) nicht nur für unsere Sünden, sondern auch für unsere Krankheiten sterben wird. Kurzschlüssig folgert er: Weil ich um des Opfers Jesu willen Vergebung meiner Schuld erhalte, wenn ich ihn bitte, erhalte ich auch in jedem Fall Heilung und Gesundheit! Dabei übersieht er, daß Jesus in seinem Kreuzesleiden zwar grundsätzlich sowohl die Sünde wie auch, als deren Folge, Krankheit und Tod überwunden hat, daß sich dieses Kreuzesgeschehen aber in heilsgeschichtlicher Abfolge auswirkt. Die Erlösung von Sünde und Schuld wird jedem geschenkt, der an das vollbrachte Opfer Jesu glaubt; die Erlösung des Leibes und die Befreiung von Krankheit, Leiden und Tod wird aber mit der eschatologischen Auswirkung jener anfänglichen Erlösung verbunden sein (vgl.Rö.8,23;

Offb.21,4) – wobei Gott auch schon einmal gnadenhafte Vorweggaben jener Vollendungsgabe in »außerfahrplanmäßigen« wunderbaren Heilungen schenken kann. Es sollte deutlich geworden sein: Bevor ich ein Schriftwort unmittelbar auf mich anwende, muß ich sehen, ob es wirklich für mich an meinem heilsgeschichtlichen Ort gesagt ist.

Anwendungen *im übertragenen Sinn* können dagegen von allen Teilen der Bibel vorgenommen werden – vorausgesetzt, die Anwendung geschieht unter Berücksichtigung der für die gegenwärtige Zeit geoffenbarten direkten Weisungen Gottes. Leider wurde die letztgenannte Voraussetzung aber nicht immer beachtet. So übernahm die Kirche seit der Zeit des Frühkatholizismus oft allzu unbedacht Ordnungen, die gar nicht der neutestamentlichen Gemeinde, sondern dem alttestamentlichen Bundesvolk gegeben worden waren. Das priesterliche Zeremonialwesen setzte sich durch; theokratisch-politische Ansprüche wurden übernommen; ›Gottes Ehre‹ wurde notfalls mit dem Schwert verteidigt (Kreuzzüge); und durch die Einführung der Säuglingstaufe (in Analogie zur israelitischen Beschneidung) wurde der biologische Nachwuchs auch immer schon dem ›Gottesvolk‹ eingegliedert, wie dies im Alten Testament ja rechtmäßiger Brauch war (usw.). Die neutestamentlichen Gemeindeordnungen wurden auf diese Weise überfremdet. Die Kehrseite der selbstverständlichen Inanspruchnahme und Adaption alttestamentlich-israelitischer Ordnungen für die Kirche war, daß für das so ›beerbte‹ Israel als Volk theologisch kein Platz mehr blieb, und so der Boden für einen Antisemitismus bereitet wurde, der mit heilsgeschichtlichem Denken niemals zu vereinbaren gewesen wäre. Eine genaue Beachtung dessen, was Gott für die Zeit der Gemeinde als Ordnungen verfügt hat und was für sein Volk Israel noch immer an heilsgeschichtlich-eschatologischen Verheißungen auf Erfüllung wartet, hätte vor manchem Schaden bewahrt.

Wenn ich andererseits weiß, was Gottes Gebot und Ordnung für die jetzige Zeit ist, kann ich mit Gewinn jeden Teil der Bibel, nachdem ich ihn seinem ursprünglichen Sinn gemäß genau verstanden habe, persönlich oder in der Predigt anwenden. In den Geschichtsberichten des Alten Testaments erkenne ich die Prinzipien des Handelns Gottes mit seinem Volk: wie er zu seinen Verheißungen steht, wie ernst er die Übertretung der jeweils gültigen Gebote nimmt und wie er immer wieder unbegreiflich gnädig ist. Gottes Geschichte mit seinem Volk, die mir als prophetisch gedeutete Geschichte in der Bibel begegnet, kann und soll mir zum lehrreichen Vorbild werden (1.Kor.10,11). An den oft bis zur Todesstrafe gehenden Strafgesetzen des mosaischen Gesetzes kann ich erkennen, wie ernst Gott die Sünde nimmt – ohne daß ich gleich für die Vollstreckung von Todesstrafen im Rahmen der christlichen Gemeinde plädiere! Manches im mosaischen Gesetz kann ich auch unmittelbar auf mich anwenden, weil ich sehe, daß Gott die gleichen Prinzipien auch für seine neutestamentliche Gemeinde verfügt hat. So sind – teils als Zitat, teils in neuer Formulierung – neun der Zehn Gebote im Neuen Testament wieder verfügt. Nur heißt es vielleicht statt »Du sollst nicht stehlen« (2.Mo.20,15): »Wer gestohlen hat, stehle nicht mehr . . .« (Eph.4,28). Allein das Sabbatgebot (2.Mo.20,8–11) ist für die neutestamentliche Gemeinde nicht wieder in der alttestamentlichen Form verfügt (vgl.Mt.12,8; Joh.9,16; Kol.2,16; Gal.4,10; Rö.14,5). Daß »der Sabbattag für den Menschen da« ist und als Ruhetag nützlich ist – wie das schon aus der Schöpfungsordnung hervorgeht –, ist allerdings ein gnädiges Prinzip Gottes auch für uns. Wer hier strikt mit den Zehn Geboten argumentiert, müßte konsequenterweie Adventist werden; wer aber die Bibel heilsgeschichtlich liest, wird gerne den Ruhetag nach sechs Tagen Arbeit aus Gottes Hand nehmen und zu Gottes Ehre begehen, sei es im Gedenken an den Tag der Auferstehung Jesu der Sonntag, sei es – weil der Beruf es nicht anders zuläßt – auch einmal ein anderer Tag. Das Prinzip für heilsgeschichtliche Anwendung der Bibel müßte anhand dieser Beispiele jedenfalls deutlich geworden sein: Was für die gegenwärtige Heilszeit geoffenbart ist, kann ich – nach genauem geschichtlichem Verstehen – direkt auf mich anwenden; was unmittelbar für eine andere Heilsepoche galt, kann ich unter Berücksichtigung dessen, was für heute gilt, sinngemäß – und manchmal auch in direkter Kontinuität – für mich heute erschließen.

5) Noch eine Warnung zum Schluß: Die Berücksichtigung der fortschreitenden Offenbarung in der Heilsgeschichte und der verschiedenen Epochen im Handeln Gottes mit seinem Volk darf nicht bedeuten, daß Früheres gegenüber Späterem abgewertet wird, oder daß – wie es noch Bengel tat – mit Stufen der Inspiration gerechnet wird, als wären die »kleinen« Anfänge weniger »inspiriert« als die im Neuen Testament erschlossene Fülle der Christusoffenbarung. Schlatter hat hier zu Recht betont: »Der Inspirationsvorgang ist ein kreatorisches Geben Gottes, also ein absoluter Akt, von dem sich Abstufungen nicht aussagen lassen. Ob er wenig oder viel gibt: Gott ist der Gebende.«[229] Entsprechend ist auch alles, was Gott im Verlauf der Heilsgeschichte offenbart und uns in der Bibel anvertraut hat,

[229] A. Schlatter, *Das christliche Dogma*, Stuttgart, ³1977, S.371.

sein unantastbar autoritatives Wort. Der menschlichen Willkür wird dieses Wort nie preisgegeben; und es hört auch nie auf, Gottes Wort zu sein. Gegenüber denen, die (als noch »unter dem Gesetz« Stehende) das Gesetz Gottes verwässern und ihren eigenen Maßstäben anpassen wollten, betont Jesus: »Glaubt nicht, ich sei gekommen um das Gesetz ... aufzulösen; nicht um aufzulösen bin ich gekommen, sondern um hinzuzufügen! Amen, ich sage euch: Bis Himmel und Erde vergeht, wird nicht ein Jota oder Häkchen vom Gesetz vergehen, bis alles geschieht!« (Mt.5,17f). Dann aber schreitet er fort und erklärt, was er mit dem »Hinzufügen« bzw. »Ergänzen« des Gesetzes gemeint hat – nämlich, daß er als der Messias das neue Gebot für die neue Heilszeit bringt[230]: »Den Alten ist gesagt worden ..., ich aber sage Euch!« (Mt.5,21ff). So wird deutlich: Die ganze Bibel ist Gottes unantastbares Wort, aber für bestimmte Zeiten gibt er – in heilsgeschichtlicher Kontinuität und Diskontinuität – jeweils spezielle Ordnungen.

### 3.6.3 Heilsgeschichtliches Denken öffnet den Blick für die Einheit der Bibel

Ganz zu Recht schreibt Gerhard Maier: Heilsgeschichtliche Theologie ist »bis heute die überzeugendste Vertreterin der *Einheit* der gesamten Schrift des Alten und des Neuen Testaments. Indem sie jedes biblische Buch und jeden biblischen Zeugen an seinem geschichtlichen Ort ganz ernst nimmt, verwischt sie weder die Unterschiede, noch muß sie die durchgehenden Linien verleugnen. Sie lebt in dem spannungsvollen Ganzen der Bibel, kann Schrift mit Schrift erklären, und doch auch offen lassen, was wir (noch) nicht zu erklären vermögen. Kurzum: Sie ist ein Anwalt der Einheit der Bibel, doch ohne Einerlei.«[231] Erich Lubahn verweist auf fünf parallele »heilsgeschichtliche Linien durch die Bibel[232]: 1) Die *adamitische Linie,* die uns von Schöpfung und Sündenfall an zeigt, wie der Mensch ist – und was Gott im Zuge seiner Heilsgeschichte für ihn bereit hat; 2) die *Jesus-Linie,* indem die Schrift uns vom ersten bis zum letzten Blatt, von der Schöpfung (1.Mo.1; Joh.1) bis zur Vollendung (Phil.2,9ff; Offb.22), Jesus offenbart und auf ihn hinweist; 3) die *israelische Linie,* die mit der Berufung Abrahams beginnt (1.Mo.12)

[230] S. dazu oben, Anm. 30.
[231] G.Maier, »Geleitwort«, in: *Epochen der Heilsgeschichte,* S.9f.
[232] E.Lubahn, »Israel und Gemeinde. Zwei unterschiedliche aber doch verwandte heilsgeschichtliche Linien«, in: *Epochen der Heilsgeschichte,* S.76ff.

und sich bis in die eschatologische Zukunft hinein fortsetzt (Rö.9–11); 4) die *Gemeindelinie*, die auf Grund des Erlösungswerkes Jesu einsetzt (Eph.2.3) und bis zur Parusie in ihrer geschichtlichen Gestalt Geltung hat, sich in der Vollendung aber mit der ebenfalls in Christi Erlösung einmündenden Israellinie vereinigt (vgl. Offb.21,12–14 die Namen der 12 Stämme Israels und der 12 Apostel Jesu Christi auf Mauern und Toren des neuen Jerusalem); und schließlich 5) die *eschatologische Linie* mit ihrer die Bibel durchziehenden Botschaft der Vollendungshoffnung, angefangen vom Protevangelium (1.Mo.3,15) bis zum göttlichen Triumph: »Siehe, ich mache alles neu!« (Off. 21,1ff).

Kein Teil der Schrift ist in ihrem heilsgeschichtlichen Ganzen entbehrlich. Alles trägt zu dem organisch-vielschichtigen Ganzen bei und ist je an seinem Platz in der fortschreitenden Offenbarung zu sehen. Die offenbarungsgeschichtliche Einheit der Schrift ist durch den einen göttlichen Urheber gegeben. Sie erschließt uns Gottes Heilsgeschichte, die sich kontinuierlich auf Christus zu und von Christus her entwickelt. Walter Künneth stellt diese christologische Mitte der Heilsgeschichte deutlich heraus: »Ihre ausschlaggebende Mitte ist in dem Faktum der Auferstehungswirklichkeit des incarnatus, crucifixus Jesus Christus gesetzt. Mit dieser Mitte ist zugleich der perspektivische Blickpunkt, der Schlüssel für ein zusammenfassendes Verständnis der Heilsgeschichte sichtbar geworden. Der auferstandene, lebendige Herr repräsentiert den entscheidenden Bezugspunkt, in dem alle heilsgeschichtlichen Linien zusammenlaufen. Von diesem Scheitelpunkt der Auferstehung Jesu aus ist es möglich, theologisch sinnvoll von einer vorauslaufenden ›Weissagungsgeschichte‹ und zugleich von einer futurisch-eschatologisch ausgerichteten ›Missionsgeschichte‹ zu reden.«[233] Oscar Cullmann schildert diese Entwicklung mit Christus als ihrem Zentrum folgendermaßen: »So verläuft bis zu Jesus Christus die Heilsgeschichte in dem aufgezeigten Sinn einer progressiven Reduzierung: Menschheit – Volk Israel – Rest Israels – der Eine, Christus. Bis dahin tendiert die Vielheit auf den Einen hin, auf Jesus Christus, der als der Christus Israels zum Erlöser der Menschheit, ja der Schöpfung wird. Hier ist die Heilsgeschichte in ihrem Zentrum angelangt. Wir wissen bereits, daß sie damit nicht beendet ist, sondern weitergeht . . . Der Weg geht also jetzt von Christus zu denen, die an ihn glauben, die sich im Glauben an seinen stellvertretenden Tod erlöst wissen. Er führt zu

233 W.Künneth, »Mitte und Struktur biblischer Heilsgeschichte«, in: *Epochen der Heilsgeschichte*, S.34.

den Aposteln, zur Kirche, die der Leib des Einen ist und nun für die Menschheit die Aufgabe des ›Restes‹, des ›Volkes der Heiligen‹, zu erfüllen hat, und so geht es von hier weiter zur erlösten Menschheit im Gottesreiche und zur erlösten Schöpfung des neuen Himmels und der neuen Erde.«[234]

Wenn an dieser Stelle von Christus als der »Mitte« der Heilsgeschichte – und damit als der »Mitte der Schrift« – die Rede ist, muß als hermeneutisch wichtige Einsicht festgehalten werden, daß dies nichts mit jenem kritisch-dogmatischen Reden von der christozentrischen »Mitte« der Schrift zu tun hat, das zwischen »Mitte-« und »Randaussagen« in der Bibel unterscheidet, und das, »was Christum treibet«, geradezu als kritischen Maßstab für Verbindlichkeit oder Unverbindlichkeit eines Bibelwortes und als »Kanon« im Kanon benutzt. Von Christus als der heilsgeschichtlichen Mitte der Schrift zu reden, ist geradezu ein Gegenprogramm gegen jenes kritische Unterfangen. Denn hierdurch wird ein perspektivischer Blickpunkt gewonnen, von dem aus gerade die organische Einheit der ganzen Bibel in ihrer Hinführung auf Christus und vielfältigen Entfaltung des Christusgeschehens erkannt werden kann. Von daher haben heilsgeschichtlich denkende Theologen auch nie sonderliche Sympathie für die Suche nach irgendeinem »Kanon« im Kanon empfinden können.

Wer von Christus als der Mitte der Heilsgeschichte aus das Alte Testament liest, wird die prophetische Dimension dieser Schriften erkennen. Er kann das Alte Testament nicht einfach lesen wie ein jüdischer Rabbi, der Jesus als den Messias nicht kennt. Er wird – hoffentlich! – das Alte Testament auch nicht einfach »christianisieren« und damit als einen eigenen heilsgeschichtlichen Abschnitt nachträglich überfremden. Aber er wird Gottes Vorbereitung auf die »Fülle der Zeit« (Gal.4,4) erkennen und sehen, worauf einzelne typologische Vorausschattungen und konkrete Prophetien deuten. Er kann das Alte Testament nicht mehr »mit der Decke Moses vor den Augen« lesen (2.Kor.3,14ff; vgl.Rö.11,7f), sondern vom Auferstandenen her wird ihm die Schrift in ihrer Zielrichtung geöffnet (vgl. Lk.24,27.45).

Mit diesen Hinweisen auf die hermeneutische Relevanz heilsgeschichtlichen Denkens für die Bibelauslegung wollen wir es bewenden lassen. Wer im evangelikalen Sinn Theologie treiben möchte, wird im Nachdenken über die Bedeutung und das Wesen der Heilsgeschichte noch ein reiches Betätigungsfeld finden.

[234] O.Cullmann, *Christus und die Zeit*, Zollikon, 1946, S.101.

Folgende, seit 1984 erschienene Literatur lädt zur vertieften Beschäftigung mit biblischer Heilsgeschichte ein: H. Stadelmann, »Hermeneutik, Heilsgeschichte und Schöpfungszeugnis«, in: G. Meskemper (Hrg.), *Ansätze zu einem neuen Denken*, Neuhausen-Stuttgart, 1985, S. 123–142; H. Stadelmann (Hrg.), *Glaube und Geschichte*, Gießen, 1986 (2. Aufl. 1988): darin u.a. die Beiträge von H. Stadelmann, »Hermeneutische Erwägungen zur Heilsgeschichte«, S. 32–87; Karl-Heinz Michel, »Gottes Wirken in der Geschichte«, S. 88–133; G. Maier, »Die Geschichtsprophetie des Danielbuches«, S. 134–153; Yung-Han Kim, »Die universal-heilsgeschichtliche These der Rahnerschule und Pannenbergs universalgeschichtliche Konzeption«, S. 348–396. Zu beachten sind auch: Heinzpeter Hempelmann, »Heilsgeschichte am Ende? – Von der Möglichkeit heilsgeschichtlicher Theologie im Rahmen der philosophisch-wissenschaftlichen Denkvoraussetzungen der Gegenwart«, in: *Epochen der Heilsgeschichte*, Wuppertal, 1984, S. 39–54; Erich Lubahn, *Heilsgeschichtliche Theologie und Verkündigung*, Stuttgart, 1988; Karl-Heinz Schlaudraff, *›Heil als Geschichte‹?*, Tübingen, 1988.

Wir selbst wollen damit unseren Versuch, Grundlinien eines bibeltreuen Schriftverständnisses aufzuzeigen, beenden. Unser Erkennen wird immer Stückwerk bleiben (1.Kor.13,9). Aber wo wir in gottesfürchtiger Beugung unter das inspirierte und göttlich-autoritative Wort genaues, auf den ursprünglichen Wortsinn gerichtetes Schriftstudium treiben, das seinerseits wieder nicht auf der Ebene des Verstehens stehenbleibt, sondern zur Anerkennung der Wahrheit und zur Erfahrung der Wirkung dieses Wortes gelangt, wird sich die Bibel als Gottes Wort an uns immer tiefer erschließen.